ACORDA PRA VIDA!

EDUARDO MALHEIROS

ACORDA PRA VIDA!

LIBERTE-SE DA PRISÃO EMOCIONAL, FINANCEIRA E ESPIRITUAL

ns

SÃO PAULO, 2024

Acorda pra vida! Liberte-se da prisão emocional, financeira e espiritual
Copyright © 2024 by Eduardo Malheiros
Copyright © 2024 by Novo Século Ltda.

Editor: Luiz Vasconcelos
Produção editorial: Silvia Segóvia
Preparação: Marsely De Marco
Revisão: Adriana Bernardino
Tássia Carvalho
Projeto gráfico e diagramação: Manoela Dourado
Capa: Lumiar Design

Texto de acordo com as normas do Novo Acordo Ortográfico da Língua Portuguesa (1990), em vigor desde 1º de janeiro de 2009.

Dados Internacionais de Catalogação na Publicação (CIP)
Angélica Ilacqua CRB-8/7057

Malheiros, Eduardo
  Acorda pra vida! : Liberte-se da prisão emocional, financeira e espiritual / Eduardo Malheiros. -- Barueri, SP : Novo Século Editora, 2024.
  184 p.

Bibliografia
ISBN 978-65-5561-810-5

1. Autoajuda 2. Motivacional 3. Superação I. Título

24-2793   CDD 158.1

Índice para catálogo sistemático:
1. Autoajuda

Alameda Araguaia, 2190 – Bloco A – 11º andar – Conjunto 1111 CEP 06455-000 – Alphaville Industrial, Barueri – SP – Brasil
Tel.: (11) 3699-7107 | E-mail: atendimento@gruponovoseculo.com.br
www.gruponovoseculo.com.br

**AGRADECIMENTO
A DEUS!**

PREFÁCIO

Conheci Eduardo Malheiros de uma forma singularmente moderna: um *reels* no Instagram. Talvez essa não seja a maneira mais convencional de conhecer alguém que impactaria profundamente minha percepção da vida, mas foi isso que aconteceu. Eduardo, com sua história resiliente e a mensagem que transbordava de suas palavras, tocou o núcleo de algo que carrego como verdade: todos nós estamos em uma busca incessante de acordar pra vida.

No mundo efêmero das redes sociais, cujas conexões frequentemente rasas passam rapidamente, Eduardo se destaca como uma voz de profundidade e verdade. Foi esse desejo imenso de ajudar pessoas, tão palpável em sua fala, que me encantou. Seus *reels* não eram meramente entretenimento; eles eram chaves que abriam as portas para uma nova maneira de encarar nossos desafios emocionais, financeiros e espirituais.

Acorda pra vida! – Liberte-se da prisão emocional, financeira e espiritual é mais do que um livro. É o culminar de uma jornada heroica, de um homem que se recusou a ser definido por adversidades e que escolheu, a cada etapa difícil, acreditar que ainda havia tempo para mudança e crescimento. Eduardo percorreu mais do que países e culturas; ele viajou através das camadas mais íntimas do espírito humano, tocando a essência do que significa estar vivo.

A narrativa de Eduardo não é uma simples compilação de lições aprendidas; é um mapa do tesouro para aqueles que se sentem perdidos no mar tempestuoso da existência. Cada capítulo deste livro é um convite para explorar as prisões invisíveis que nos mantêm ancorados ao lugar comum e descobrir as chaves que liberam as portas para o nosso futuro. Eduardo não promete um caminho livre de obstáculos; ele nos promete algo mais valioso: a verdade e a ferramenta para enfrentar os desafios de frente, transformando os obstáculos em degraus para o sucesso.

A vida de Eduardo é um testemunho de que, mesmo nas circunstâncias mais escuras, a luz da esperança nunca se extingue. Sua luta contra o câncer, o colapso financeiro e a reconstrução subsequente são evidências vivas de que é possível emergir mais forte dos desafios que a vida nos impõe.

Este livro não é apenas para quem deseja prosperidade financeira ou para aqueles que buscam cura emocional ou espiritualidade. É para qualquer pessoa que sinta o peso da monotonia diária e o chamado para algo maior. Eduardo não oferece apenas conselhos, mas sim sua própria vida como um estudo de caso de triunfo e testamento de fé.

Ao abrir *Acorda pra vida!*, você está se comprometendo a iniciar uma jornada de transformação que, tenho certeza, será tão impactante quanto a primeira vez que um vídeo de Eduardo Malheiros chegou ao meu coração através de uma tela de *smartphone*. Prepare-se para acordar, pois o despertar para a verdadeira essência da vida é, sem dúvida, a mais grandiosa das jornadas.

Com admiração e expectativa,

Paula Abreu
Escritora e mentora de
alta performance

SUMÁRIO

1. Acordando pra vida, 11
2. O que você vem alimentando?, 17
3. Ainda dá tempo, 35
4. 2 Ms – prisões invisíveis, 43
5. Por que algumas pessoas são realizadas e outras não?, 59
6. A base de tudo, 79
7. O que vale mais que ouro e prata neste mundo, 97
8. Conexões determinam destinos, 109
9. Chega de prisão financeira, 151
10. Conclusão. As chaves que abrem as portas do seu futuro, 173

1.
ACORDANDO PRA VIDA

Pode ser que você esteja enfrentando dificuldades financeiras, endividado ou passando pelo pior momento financeiro da sua vida. Talvez seus sonhos pareçam cada vez mais distantes, mesmo com muito esforço e dedicação. Às vezes, mesmo trabalhando muito, parece que não sobra nada, e a sensação é de estar preso em um ciclo que não leva a lugar algum. Você está indo bem, mas nunca consegue avançar para o próximo nível de realização financeira.

Talvez você esteja ansioso, emocionalmente esgotado. Parece que está à beira de desistir de tudo, deixou de sonhar já há algum tempo, não tem forças e coragem para seguir em frente. Seus relacionamentos podem estar se desgastando cada vez mais, o amor e a cumplicidade com as pessoas que ama podem estar desaparecendo, e você, às vezes, sente-se distante e diferente, pois alguns ciclos de pessoas não fazem mais sentido como antes.

Você também pode estar sentindo um vazio na alma, incapaz de se conectar com Deus. Às vezes, pode parecer que suas preces não estão sendo ouvidas e que as bênçãos que você vê outras pessoas recebendo não chegam até você, levando-o a questionar se, de fato, Deus existe.

Não sei se você está em uma ou mais dessas prisões, mas uma coisa posso afirmar, mesmo te conhecendo apenas por este momento: o simples fato de você estar aqui, lendo este livro, revela algo extraordinário, pois mostra que dentro de você, mesmo que de maneira sutil e escondida, ainda existe o desejo ardente de trilhar um caminho diferente, de acordar para a vida e de causar um impacto positivo em sua vida, na vida daqueles que você ama, e no mundo ao seu redor. Você quer muito se libertar dessa prisão espiritual, emocional e financeira, e alcançar realização nessas três áreas importantes da vida. Realmente fico feliz por você estar aqui.

Serei seu professor, mentor ou amigo; você escolhe como me chamar, mas eu o direcionarei para que saia dessas prisões e não entre mais em outras. Acredite, sei como é estar preso em todas as três ao mesmo tempo e sentir que não há saída, mas conseguir dar a volta por cima, mesmo quando tudo parece impossível. Qual é a base do que vou ensinar? Eu já passei por câncer, quebrei financeiramente e fiquei com dívidas; o pior é que fazia três meses que estava casado. Cheguei ao fundo do poço, precisando pedir ajuda à família para morar e para comer, tudo aconteceu ao mesmo tempo e em menos de um ano. Antes disso, ganhava seis dígitos em um final de semana, tinha uma empresa, mas tudo desmoronou. Vou te ensinar, por meio das experiências que vivenciei em mais de quinze países visitados, entrevistando homens e mulheres, por mais de duas mil horas em mentorias, e pelos milhares de alunos que tenho, além de algumas pós-graduações. Atualmente, por mês, alcanço cerca de um milhão de pessoas com meu conteúdo. Hoje, tenho alguns negócios, um relacionamento abençoado, realização financeira e conexão com Deus.

> **"ACORDAR PRA VIDA" VAI ALÉM DO CONHECIMENTO; É SOBRE ABRAÇAR A HUMILDADE, RECONHECER QUE SEMPRE HÁ ESPAÇO PARA CRESCER E APRENDER.**

De coração, eu te falo isso, não para me exibir ou para amaciar meu ego, ao contrário, é para você ter como referência que é possível, sim, sair dessas prisões, e, claro, para que você confie em mim, pois posso dar direção na sua vida hoje.

Eu também fui professor universitário. No contato diário com as pessoas, percebi que existem dois tipos predominantes de comportamentos:

- O das pessoas que têm um coração aberto para aprender, conscientes de que sempre há algo novo para descobrir, e são humildes o suficiente para aceitar conselhos e repreensões; tais pessoas conseguem sair das prisões e ter realização nas três áreas.
- O das pessoas que deixam o orgulho dominar suas almas, que resistem a qualquer mudança e que acreditam que já sabem tudo. Elas até podem dar o primeiro passo, mas o orgulho acaba devolvendo-as para uma prisão pior ainda.

Eu apresentava esse segundo tipo de comportamento e, se esse for o seu modo de pensar e agir também, sinto muito. Você poderá afundar mais ainda e talvez passar pelo que eu passei, ou por coisas piores. Mas, como eu disse no início, sei que tem algo diferente dentro de ti e já acredito muito em você! Por isso, te peço uma única coisa: leia o próximo capítulo e depois tome a decisão de continuar lendo, ou de devolvê-lo para quem te deu, ou troque o livro.

"Acorda pra vida" vai além do conhecimento; é sobre abraçar a humildade, reconhecer que sempre há espaço para crescer e aprender. Ao longo deste livro, basearemos nossos ensinamentos em estudos científicos e na Sabedoria Milenar (Bíblia) que tem resistido ao teste do tempo por milhares de anos.

Este livro é ativacional, é vida real; não é religioso nem motivacional. Você só terá resultados se realmente aplicar o que será ensinado. É um convite para caminharmos juntos em direção à sua libertação das prisões que machucam o fundo da sua alma e, às vezes, até mesmo o das pessoas que você ama. Você merece uma vida de realizações em todas as áreas: financeira, emocional e espiritual. Lembre-se, eu já estive onde você está agora. Mudei minha vida e obtive resultados que jamais imaginei serem possíveis. Não sou mais inteligente que você; apenas mudei o que alimento diariamente, esse é o papo que vamos bater no próximo capítulo.

Obrigado por estar aqui. Ao final deste livro, quero te conhecer e saber as mudanças que teve. Deus te abençoe!

2.
O QUE VOCÊ VEM ALIMENTANDO?

Diariamente, recebo de 100 a 300 perguntas no meu Instagram @eduardomalheiros_. Quatro delas são recorrentes:

- Como ter mais intimidade com Deus e orar?
- Como lidar melhor com as pessoas e relacionamentos amorosos, familiares e amizades?
- Como ser mais "forte" emocionalmente, menos ansioso e não sentir esse vazio? Como parar de ter pensamentos ruins?
- Como prosperar financeiramente e não passar sufoco com dinheiro?

Sempre que posso, respondo às pessoas, pois entendi que a chave para se libertar da prisão emocional, financeira e espiritual, e obter realizações nessas áreas, está ligada diretamente a uma pergunta que faço a elas.

O QUE VOCÊ VEM ALIMENTANDO DIARIAMENTE NA SUA VIDA?

Era setembro de 2009, menos de uma semana antes de fazer aniversário, um menino de 12 anos, chamado Nicholas, teve sua vida completamente mudada por um estranho. Poucos dias antes de seu aniversário, ele foi brincar na rua com sua bicicleta e, naquele mesmo dia, um homem o pegou e atravessou seu crânio com uma furadeira caseira, dessas que, talvez, você tenha em casa.

Até este capítulo ser escrito, minha esposa estava grávida de dois meses. Eu, como futuro papai, só de pensar que alguém pode fazer isso contra uma criança, ainda mais sendo meu filho, entro em uma confusão de sentimentos, nem sequer imagino a dor que passou no coração dos pais do menino Nicholas. Acredito que qualquer ser humano consciente, nem precisa ser pai ou mãe, que vê uma criança ser pega por um estranho e ter o seu crânio perfurado por uma furadeira caseira, sentiria algo como: raiva, nojo, ódio, desprezo, vingança e até mesmo pensaria que esse homem merece a morte – ao menos eu senti o desejo por vingança. Mas sempre me pergunto:

O QUE LEVA UMA PESSOA A PEGAR UMA FURADEIRA E AGIR DESSA FORMA?

Eu vim de uma família pobre, talvez você tenha vindo também. Meus pais não tinham luz elétrica até os 15 anos. O chão da casa do meu pai era de terra batida, e minha mãe trabalhava na roça desde criança. Meus pais sempre batalharam para eu ter uma vida melhor, um futuro, e não passar por algumas coisas que eles passaram. Acredito que qualquer pai, mãe, daria sua vida pela criança, deixaria de comer. O amor dos pais por uma criança transcende o racional humano. Conheci pessoas que passavam o dia inteiro sem comer, pois só tinham recursos para garantir a alimentação de seus filhos. Penso que eu, como futuro pai, naturalmente quero que meu filho não sofra e não passe pelas dores que passei. Então, o que leva uma pessoa a fazer o que fez com o Nicholas? Eu não sei, mas vamos entender.

Minha mãe, certa vez, ouviu essa história do Nicholas e, ao final, falou-me que tinha ficado muito mexida, pois imaginou minha irmã e eu passando por isso. Minha mãe sempre foi muito calma e jamais, em todos esses anos, vi agressividade em suas ações; pelo contrário, sempre foi pacífica, mas, naquele dia, ela disse algo que me surpreendeu: "Filho, eu castraria esse homem e o faria sofrer".

Qual ser humano, por mais frio que seja em suas emoções, não sentiria algo a respeito dessa situação? Pense comigo: você, pai ou mãe, ou que deseja ter filhos, ou até mesmo considerando a perspectiva de que era só uma criança e com uma vida inteira pela frente, imagino, obviamente, que no mínimo gostaria de justiça.

Pare agora e se pergunte sinceramente, só você e seu pensamento:

O que esse "homem" representa para você? Quais sentimentos ele te traz? Revolta? Ódio? Desprezo? Tristeza? Injustiça? Quando pergunto isso às pessoas, algumas guardam a resposta para si, mas, pelo semblante de seus rostos, consigo ver uma mescla de sentimentos em 90% delas, seja raiva, tristeza, impotência e ódio. Isso me fez lembrar de um homem que, certa vez, levantou no meio da minha palestra e disse: "Ele é um louco, psicopata, deve ser preso, até seria um presente, quero vê-lo sofrer". Outros já disseram: "É o inimigo agindo, o diabo agindo, não sinto nada, apenas oraria por ele". Sinceramente, já ouvi de tudo que você possa imaginar; quando escutei essa história pela primeira vez, eu o chamei de monstro.

Então, nesse momento, seja sincero e escreva no quadro abaixo o que está sentindo sobre esse homem, um completo estranho que usou uma furadeira caseira na cabeça de um menino de 12 anos. Imagine-se pai, mãe, tio, tia, SER HUMANO, não tenha papas na língua nem tente maquiar o que sente, só você vai ler o que escreveu sobre isso, seja sincero!

> **RESPONDA: O que estou sentindo ao saber sobre essa história: raiva, tristeza, ódio, vingança, impotência etc.?**
>
> **O QUE ESSE HOMEM REPRESENTA PARA MIM?**
> Exemplo: é um ser humano desprezível, eu sinto raiva, desprezo por ele. Só de pensar que pode ser com alguém que eu conheça, não sei o que faria a respeito.

A PRIMEIRA VEZ QUE ESCUTEI ESSA HISTÓRIA

Lembro-me como se fosse hoje, eu estava limpando um vaso sanitário. Naquela época, eu fazia faxina, e, no local em que estava, algumas pessoas conheciam os familiares do Nicholas, então tive a oportunidade de conhecer a história de perto. Lembro-me também de que, na primeira vez que a ouvi, fiquei chocado e comecei a falar para as pessoas que trabalhavam comigo: "Nossa, que monstro! Ele deve pagar pelo que fez e apodrecer na cadeia! Onde esse mundo vai parar?". Fiquei muito triste, porque eu sabia que era errado pensar assim, mas tenho uma afilhada e me coloquei no lugar de pai. Como ser humano, senti a dor dessa família.

Após meus colegas de trabalho me contarem, e eu simplesmente despejar tudo isso, eles me olharam sem entender e disseram: "Edu, você escutou a história? Por que está falando isso?". Eu respondi: "Sim, sim, eu escutei toda", mas, de fato, eu usava fone de ouvido enquanto limpava os banheiros, e meu inglês não era fluente, apenas captei a informação de onde dei a devida atenção e coloquei foco nisso. Então, disseram: "Vê aí no seu celular, preste atenção, leia a matéria já que você pensa assim". (BBC)[1]

A história conta que Nicholas saiu de casa naquele dia para brincar com sua bicicleta, acabou sofrendo uma queda e bateu a cabeça na calçada. Foi para casa e, após chegar, passou alguns segundos

CUIDE DO QUE VOCÊ PENSA, POIS OS SEUS PENSAMENTOS DIRIGEM SUA VIDA.

---

[1] Disponível em: https://www.bbc.com/portuguese/noticias/2009/05/090520_australiafuradeira_fp. Acesso em: 5 jun. 2024.

inconsciente. Acordou e disse que estava bem, mas, passados alguns minutos, começou a reclamar de fortes dores de cabeça, e sua mãe imediatamente o levou para o pequeno hospital da região, que, infelizmente, não dispunha de uma grande estrutura.

Chegando lá, um homem, o médico de plantão que atendeu o menino, percebeu um grande sangramento interno e tinha poucos minutos para salvá-lo. Era um coágulo e havia deixado o menino entre a vida e a morte; rapidamente o médico teve que tomar uma decisão: abrir a cabeça do menino. Mas o hospital não tinha a estrutura necessária para a operação, e sua especialidade não era voltada para cirurgias cerebrais. Ele até pensou em transferi-lo para outro hospital com mais estrutura, que ficava na cidade mais próxima, mas, pelo tempo, teria de ser de helicóptero. Como não havia, ficaria inviável. Em poucos minutos, decidiu operá-lo, pediu à sua equipe médica que fosse até o almoxarifado do hospital e pegasse uma **furadeira caseira**. Depois, pediu a seus assistentes que ligassem para outro médico especialista nesse tipo de cirurgia.

Via ligação telefônica, o médico operou, perfurou o crânio e usou fórceps para alargar o orifício; em seguida, instalou um dreno para retirar todo o sangue que estava pressionando a cabeça de Nicholas. Segundo o jornal *The Age*, o menino foi transferido horas depois para o Hospital Infantil de Melbourne e, *voilà*, recebeu alta no dia de seu aniversário.

Essa é a história real e contada com todas as partes. Agora que você sabe tudo, volte e leia o que escreveu no quadro, procurando lembrar o que sentiu sobre o homem que usou a furadeira caseira. A primeira reação de grande parte das pessoas, após saber todos os detalhes, é falar: "Edu, assim é fácil, você me induziu".

Eu concordo 100% que você foi induzido, mas apenas te contei o que vi, ouvi e senti, e consequentemente isso deu origem à sua percepção de mundo, pois, mediante o que você alimentou após as minhas palavras, criou um significado único, baseado em suas experiências; com isso, você deu origem a um pensamento que gerou sentimentos, o que o ser humano chama de emoções: raiva, tristeza e injustiça. Usando como combustível essas emoções, você agiu, ou seja, escreveu. Se não escreveu, pelo menos pensou o que estava passando em seu coração; tudo isso em milésimos de segundos.

Até mesmo após saber os detalhes da história, você criou um significado. **Trazendo para a vida real, digo que todos os dias somos bombardeados com informações e acontecimentos**, eles podem envolver sua vida, como também a de completos estranhos. A Sabedoria Milenar nos dá dois grandes ensinamentos:

O primeiro é que aquele que inicialmente apresenta sua causa parece ter razão, isso até que o outro venha e questione (Provérbios 18:17). Esse ensinamento nos lembra da importância de considerar diferentes perspectivas e de ouvir todas as partes antes de chegar a uma conclusão. Ele destaca a necessidade de um pensamento crítico e de uma análise cuidadosa para alcançar uma compreensão mais completa de uma situação. Em quantas prisões entramos em nossa vida por sequer pararmos e analisarmos com sabedoria?

O segundo é que as coisas que vemos, ouvimos e sentimos nos alimentam diariamente e criam nossa percepção de mundo com base no que absorvemos, conscientemente ou não. O resultado disso são os comportamentos positivos ou negativos. Por isso, cuide do que você pensa, pois os seus pensamentos dirigem sua vida, isso foi escrito há mais de 3 mil anos na Sabedoria Milenar pelo homem mais sábio e rico que já existiu, Salomão; falaremos dele mais adiante, tudo que você pensa vem da alimentação do ver, ouvir e sentir (Provérbios 4:23).

Em uma de minhas palestras, quando contei a história do "menino e a furadeira", um homem, cujo filho havia sido sequestrado, levantou com muita raiva e gritou: "Eu matava esse homem!". Ao final do evento, ele veio falar comigo e pediu desculpas por não ter se aguentado.

Lembro-me de que olhei para ele e disse: "Cuide do que você alimenta, pois nós somos a soma das experiências que tivemos e, se não tivermos inteligência emocional e sabedoria, acabaremos voltando para o passado e revivendo emoções que já deveriam estar curadas; além disso, algumas vezes, no presente, acabamos fazendo coisas das quais nos arrependemos".

A vida ideal é termos sempre comportamentos positivos quando estivermos em frente a momentos que nos confrontam e nos machucam, sermos 100% sábios e inteligentes, mas a vida real requer que todos os dias alimentemos nossa mente de forma consciente; isso exige dedicação, pois um comportamento errado pode destruir sua vida ou a de alguém. Como vou explicar ao longo do livro, vou ajudá-lo a blindar-se emocionalmente quando estiver na prisão, ensiná-lo também a não entrar em novas prisões e, claro, a viver realizações na sua vida a partir do seu momento atual.

Para ser justo com você, preciso compartilhar algo particular. Eu era uma pessoa de sangue quente, admito. Mas quem eu fui não é

CUIDE DO QUE VOCÊ ALIMENTA, POIS NÓS SOMOS A SOMA DAS EXPERIÊNCIAS QUE TIVEMOS E, SE NÃO TIVERMOS INTELIGÊNCIA EMOCIONAL E SABEDORIA, ACABAREMOS VOLTANDO PARA O PASSADO E REVIVENDO EMOÇÕES QUE JÁ DEVERIAM ESTAR CURADAS.

desculpa para errar mais no presente; eu me torno tolo se uso isso como muleta para validar meus comportamentos. Diariamente, busco a alimentação correta para não voltar aos erros do passado que me levaram a quebrar e a ficar endividado.

Você terá acesso a TODOS esses passos que me fazem ser alguém melhor que ontem. Com o acesso científico, e com o que está na Sabedoria Milenar, você começará uma evolução gradativa, pois hoje eu não posso te julgar sobre aquilo que você nem sabe que não sabe, seria injusto, quer ver?

Um renomado psicólogo chamado Lev Semyonovich Vygotsky, mestre na área da educação, desenvolveu um estudo sobre o processo de aprendizagem. Costumo relacionar esse estudo à criação de percepção de mundo das pessoas sobre algo, vou deixar claro e simples para você entender.

Existem coisas na sua vida que você nem sabe que não sabe. Veja como isso é poderoso. Eu chamo de Ignorância não Consciente (INC).

No estágio inicial, a pessoa não está consciente daquilo que ainda não sabe. Ela vive uma espécie de "ignorância feliz", não percebendo as habilidades ou conhecimentos que ainda estão por vir. Por exemplo, uma pessoa de 6 ou 7 anos não tem consciência da necessidade de aprender a dirigir um carro e de como isso poderá trazer conforto e agilidade em sua vida futura. A pessoa fica contente em estar de carona, andar de ônibus, bicicleta ou a pé; ela está satisfeita com sua vida atual e é conduzida por terceiros. Conforme o tempo passa, ela começa a perceber que as pessoas ao seu redor são capazes de dirigir, e é nesse momento que avança para o próximo e novo estágio de desenvolvimento.

O próximo estágio, que eu chamo de Percepção da Incapacidade (PI), é quando a pessoa percebe que há coisas que ainda não sabe fazer, o que desperta sua curiosidade e a vontade de aprender. Por exemplo, quando uma pessoa atinge certa idade, ela começa a buscar os recursos necessários para aprender algo novo e questiona como ter essa nova habilidade. Mesmo que ainda não tenha idade para fazer autoescola, começa a se questionar. Eu, com 14 anos, já perguntava: "Pai, quando posso dirigir seu carro?". Meu pai respondia: "Somente quando tirar a carteira de motorista". Então, chega a idade permitida para tirar a carteira e você já tem posse do recurso financeiro. Esse é o momento em que a pessoa alcança o terceiro estágio de desenvolvimento.

No próximo estágio, que chamo de Percepção da Capacidade (PC), a pessoa tem plena consciência de suas habilidades. Todo o seu foco consciente está na realização da atividade. Por exemplo, a pessoa começa a assistir às aulas teóricas e práticas e concentra toda sua atenção na execução dessa tarefa desafiadora, começando a dirigir com o instrutor. Ela precisa coordenar seus movimentos, colocando um pé na embreagem e a mão direita na marcha enquanto a mão esquerda está no volante. Ao mesmo tempo, precisa estar atenta ao caminho à sua frente, observando possíveis obstáculos, como um quebra-molas ou lombada. A cada aceleração, ou frenagem, ela precisa fazer um esforço de pensamento sobre o que está fazendo, às vezes errando a marcha e até mesmo a baliza para estacionar o carro, tendo que refazer os movimentos. Qualquer distração na prova pode comprometer o sucesso da atividade e fazer com que volte a fazê-lo. Com a prática e a experiência adquiridas ao longo do tempo, ela avança para o quarto estágio de desenvolvimento.

Nessa fase, o indivíduo atinge um nível em que a atividade se torna tão familiar que é realizada de forma inconsciente, chamada de Maestria. Por exemplo, a pessoa que anteriormente precisava concentrar toda sua atenção em cada passo ao dirigir, usando vários recursos simultaneamente, agora dirige de forma automática, claro que ainda é necessária a atenção, mas a ação se torna parte de seu comportamento natural, como dar seta e trocar a marcha; as ações são realizadas sem que ela perceba. Já não é mais necessário dedicar toda a atenção aos atos de agora. Esse estágio é frequentemente associado a um grande prazer, pois as coisas acontecem de forma suave e natural, e a pessoa sente como se já soubesse fazer aquilo desde sempre.

Até você sair da prisão em que está hoje e chegar à Maestria, passará por esses estágios, aprendendo coisas que não viu, e talvez aprimorando coisas que já aprendeu! Não adianta se cobrar por algo que jamais pensou que existisse. É o caso das Três Forças que vou te ensinar. Você terá acesso a algo que MUDOU minha vida e a de centenas de pessoas, aí sim,

CUIDAR DO QUE ALIMENTAMOS REFLETE EM QUANTO NOS PREOCUPAMOS COM O AGORA, POIS HOJE ESTAMOS CONSTRUINDO O NOSSO FUTURO.

poderá ter clareza e responsabilidade para mudar aquilo que está sob seu controle.

Acabo de trazer luz para a sua vida, e você poderá fazer o mesmo agora, e levar luz para a vida dos outros. Como? Você vai começar a olhar as pessoas de uma forma mais humilde, sábia, inteligente e sempre pronto para ajudar aqueles que quiserem. Perceba algo poderoso: como você pode cobrar algo de alguém se ele nem sabe que não sabe? Por isso, é importante que, após ler este livro, você presenteie as pessoas que estão diariamente contigo, para que elas acessem a mesma frequência, entendam seus níveis e mudem também suas vidas. As pessoas que estão fora da sua influência direta vão notar sua mudança, sabe por quê? Porque você não vai falar; em vez disso, vai comprovar a mudança pelo seu comportamento e pelos novos resultados. Se um dia você se deparar novamente com uma situação e/ou uma história como a do Nicholas, realmente acredito que seu comportamento poderá ser diferente, e sua forma de agir será sábia e paciente, analisando com profundidade a situação para, assim, tomar decisões.

Não sou especial ou superinteligente, apenas fui esforçado e o mínimo inteligente em aplicar o que vou te ensinar; então, se mudei, por que você também não pode mudar?

Cuidar do que alimentamos reflete em quanto nos preocupamos com o agora, pois hoje estamos construindo o nosso futuro.

Quando falarmos das três forças, você verá como é possível mudar a realidade a partir do que está passando, independentemente do tamanho e do tipo de prisão que você esteja:

Financeira: pessoas que estão endividadas e/ou quebradas, além daquelas que fazem e fazem dinheiro, mas não conseguem multiplicar e ainda passam sufoco financeiro.

Emocional: pessoas com autoestima baixa, que estão ansiosas, passando por desafios em seus relacionamentos: cônjuge, amizades, familiares e colegas de trabalho, e que sentem um vazio.

Espiritual: pessoas que buscam ser mais espiritualizadas, sentem falta ou querem ter ainda mais intimidade com Deus, querem aprender a orar e se sentem perdidas, sem saber o seu "porquê".

Ouço de 90% das pessoas frases como: "Edu, estou cansado, sem força, sem perspectiva, parece que nada dá certo, eu não tenho como sair deste buraco, estou preso. Eu tenho muita força de vontade, e tento, tento, mas não resolvo, e de tanto tentar, agora parece que essa prisão não tem fim".

O que vou te provar agora é que apenas força de vontade não funciona, não adianta. É como tentar parar com um vício ou sair de qualquer uma das prisões que mencionei anteriormente apenas com motivação. Não vai funcionar. Chega um momento em que sua motivação vai pelo ralo. Sim ou claro?

Eu sei que você tem vontade de mudar, por isso está lendo este livro. Voltando à questão apresentada no capítulo 1, mencionei que este livro não é motivacional. É preciso ativar algumas coisas dentro de você. Estamos começando a construir uma base sólida na sua vida, e a primeira delas é você perceber o poder da frequência.

O PODER DA FREQUÊNCIA

"Seja produto das suas escolhas, e não das circunstâncias." A primeira vez que ouvi essa frase, achei impactante, mas percebi que ela só alimentava minha motivação e meu ego, e, de fato, é um pouco ingênua; vou te comprovar.

Claro que nossa vida é fruto do que pensamos e escolhemos, mas eu comecei a me perguntar de onde vêm, então, esses pensamentos e escolhas? Eles não são gerados do nada, logo vêm da alimentação do que vemos, ouvimos e sentimos. No início deste capítulo, eu te contei uma história e como ela o levou a pensar, sentir e agir. Contei do homem que se levantou e disse coisas chocantes. Foi naquele dia que ensinei sobre a frequência e que ela é criada pelo que leio, por programas que assisto, por experiências que tive e tenho, pelos relacionamentos e pelas pessoas que me cercam, isso cria meu ambiente, e a soma desses pontos cria uma frequência dentro de mim.

Eu não posso tirar você do estágio da ignorância feliz e te ajudar a ter maestria sem antes falar que, se você não moldar o ambiente em que está, ele acabará te moldando. Você mudará esse ambiente utilizando tudo deste livro, mas, como é óbvio, toda mudança prioritariamente precisa ser em você, para então enxergar o que vem alimentando. O que você é capaz de fazer, como enriquecer, ter controle das suas emoções e mais intimidade com Deus, está ligado diretamente com a frequência acessada em um ambiente intencional. Vou te mostrar de uma forma simples como funciona a construção da frequência:

Em 2014, Jasyn Roney alcançou um marco ao se tornar a pessoa mais jovem a realizar um mortal para trás em uma motocicleta, aos 10 anos. O que é ainda mais surpreendente do que essa conquista é o fato de que, anteriormente, essa manobra era considerada impossível. No final dos anos 1980 e início dos anos 1990, o *backflip*, mortal para trás, era visto como algo mais associado a *videogames* do que à realidade. No entanto, para Jasyn Roney, que cresceu inserido em meio à cultura do motocross, significava que o mortal para trás era apenas mais uma manobra comum entre os pilotos. A normalização desse tipo de acrobacia ocorreu em 1998, quando um vídeo viral de motocross mostrou pessoas tentando a manobra sobre rampas, tornando-a gradualmente executável.

O QUE VOCÊ É CAPAZ DE FAZER, COMO ENRIQUECER, TER CONTROLE DAS SUAS EMOÇÕES E MAIS INTIMIDADE COM DEUS, ESTÁ LIGADO DIRETAMENTE COM A FREQUÊNCIA ACESSADA EM UM AMBIENTE INTENCIONAL.

Em 2002, Caleb White desafiou os limites ao executar o *backflip* em uma moto. Logo depois, em 2006, Travis Pastrana realizou o primeiro *backflip* duplo. Esse padrão de superação continuou em 2015, quando Josh Sheehan executou o primeiro *backflip* triplo.

A evolução dessas proezas não se deve à falta de força de vontade ou ao talento dos pilotos de motocross dos anos 1990. O que diferencia Jasyn Roney e sua geração é o contexto em que cresceram. Para eles, o *backflip* era algo simples e parte natural do motocross. Criados num ambiente em que a manobra era comum, nunca a viram como algo inacreditável ou impossível. Simplesmente precisavam saber como aprender a fazê-la e, então, eles a fizeram.

CRIADOS NUM AMBIENTE EM QUE A MANOBRA ERA COMUM!

ISSO É SIMPLESMENTE PODEROSO DEMAIS, o menino de 10 anos fez o que muitos adultos jamais conseguiram fazer, porque ele acessou a frequência do ambiente. Isso é tão poderoso que pode também levar você, que tem um potencial gigante na vida, a aceitar o mínimo, quer ver?

Um agrupamento de pulgas é confinado em um pote. Na ausência de uma tampa, as pulgas têm a liberdade de saltar para fora quando desejam. Contudo uma mudança nas regras ocorre quando o pote é tampado. Agora, saltar excessivamente alto gera um desconfortável choque contra a tampa. Como resultado, as pulgas se ajustam a essas novas normas e rapidamente aprendem a limitar sua altura de salto.

O ponto interessante é que, após a remoção da tampa, três dias depois, as pulgas não tentam mais sair do pote. Uma espécie de barreira psicológica se estabelece na mente coletiva, e o grupo de pulgas passa a operar sob um conjunto de regras mais restritivas. Não é surpreendente que essas novas normas e a cultura social dentro do pote também influenciam a próxima geração de pulgas que foi colocada no pote? Elas acabam internalizando as mesmas expectativas que as gerações anteriores, o que é chocante. Se, no entanto, você colocasse essas pulgas em outro pote maior, cercadas por pulgas que pulassem mais alto, elas se adaptariam. A psicologia chama isso de Efeito Pigmaleão.

Tudo bem, talvez você esteja incrédulo de que isso seja possível. Por isso, decidi provar para você com base em um estudo apresentado por um renomado doutor, Bruce Lipton, da Universidade Stanford. Ele desafiou a ideia de que os genes sozinhos determinam quem nos tornamos. Ele demonstrou isso em suas pesquisas com células-tronco. Lipton colocou essas células em placas de Petri e as dividiu em três grupos, manipulando o ambiente em cada placa. Surpreendentemente, as células, que eram geneticamente idênticas, expressaram-se de maneiras diferentes. Em uma placa, tornaram-se células ósseas; em outra, células musculares; e na terceira, células adiposas. Isso mostra que o ambiente influencia muito mais a expressão dos genes do que os próprios genes.

Resumindo, Bruce Lipton descobriu que o ambiente tem um papel maior do que os genes na forma como nossas células se comportam. Isso significa que quem somos é mais influenciado pelo ambiente do que pelos genes que temos.

Mas, então, por qual razão quem nasce na comunidade, mesmo estando muitas vezes no meio do tráfico, não se torna traficante? E por que essa pessoa de bem, que tem repulsa em relação a isso, muitas vezes prospera financeiramente, constitui uma família, muda a sua vida e a de seus familiares? Já que o ambiente influencia, deveríamos ser o que o ambiente diz, correto?

O ambiente influencia, mas não determina sua vida, sabe por quê? Só o fato de você ter clareza tira-o do estágio 1, da Ignorância não Consciente,

> **O CONHECIMENTO LIBERTA O SER HUMANO, NÃO OS TORNANDO MEROS PRODUTOS DO ACASO DO AMBIENTE.**

Ignorante Feliz, e te coloca no estágio 2, o da Percepção da Incapacidade. Você trabalhará o seu ser no mais profundo íntimo com o que vai aprender e entrará no estágio 3, desenvolvendo a Percepção de Capacidade. Esse estágio trará luz à sua vida. O conhecimento liberta o ser humano, não os tornando meros produtos do acaso do ambiente.

Ao longo deste livro, você terá capacidade para mudar sua realidade, basta avançar para o capítulo *Conexões determinam destinos*. Ajudarei você a mudar esse ambiente de acordo com as formas aplicadas por mim, caso você ainda não enxergue saída ou tenha um pingo de dúvida de que seja possível.

O principal aprendizado que você teve neste capítulo foi entender que o que você alimenta cria a sua realidade, e as prisões em que os seres humanos entram são criadas a partir do que não sabem, sendo a saída dada pelo avanço do estágio 1 para o 2. Você compreendeu também que tudo aquilo que sente ou que não é capaz de fazer foi inserido pela frequência adquirida do ambiente, com base nas experiências que você teve, seja em casa ou no trabalho. Agora você está na frequência certa, a de ser melhor. Literalmente, você acordou, e eu não podia avançar sem antes deixar claro esse ponto. Então, para o próximo passo, tenho que quebrar outra barreira mental que as pessoas têm: a ideia de que "já estou velho, passou meu tempo".

Ainda dá tempo de você alcançar realização na sua vida espiritual, emocional e financeira, independentemente do que você fez, da sua idade, da cidade onde mora, ainda dá tempo para mudar. Vamos para o próximo passo!

3.
AINDA DÁ TEMPO

Meu amigo Flávio, um homem de 32 anos, com duas filhas lindas, tinha muitos sonhos, e um deles estava se concretizando: ter o próprio negócio. Fazia apenas dois meses que ele havia aberto a própria barbearia quando um investidor, vendo sua vontade e potencial para crescer, investiu financeiramente nele. Montou uma barbearia para ele conduzir e ser sócio proprietário.

Eu me aproximei do Flávio justamente porque ele acabara de se tornar meu barbeiro. Imagine uma pessoa muito alto astral, risonha, não reclamava, mas tinha suas falhas, como qualquer um de nós em diferentes formas. Ele era uma pessoa que amava festa, sua prioridade era estar no meio de muitos amigos. Poucos meses antes, havia se separado da mulher. Quando eu estava com ele, dava-lhe conselhos, porque ele se "abria" comigo e dizia que queria mudar, que não entendia algumas coisas pelas quais estava passando. Basicamente meus conselhos sempre foram:

- Cuida com quem você anda e com quem se relaciona, essas amizades vão acabar te influenciando positiva ou negativamente.
- Valorize tuas filhas, vai e conversa de novo com sua ex, família é aliança de Deus.
- Você é empresário, emprega pessoas, dê exemplo também, lembre-se de que a palavra sempre vai motivar seus colaboradores, mas o exemplo arrasta.
- Aproxime-se de Deus, não é sobre religião, é sobre se conectar e ter intimidade com Ele.

Eu, de fato, tentava tirar uma venda que estava em seu rosto. Por alguns segundos, ele concordava e dizia: "Eu quero mudar, eu tento Edu, mas às vezes pareço não ter força. Ah, sei lá, depois eu vejo isso, a vida é uma só, Edu, relaxa!", e logo mudava de assunto. Nessa mesma época, eu acabara de passar por um Milagre, havia sido curado de um câncer, e sentia no fundo da minha alma que precisava ajudar as pessoas a, de certa forma, acordarem pra vida e não perderem mais tempo; doía-me ver tanto potencial nele sendo focado em coisas que o fariam perder lá na frente.

Algumas semanas depois, apareci na barbearia para fazer a barba e ele não estava lá. Achei estranho, porque havia marcado horário, mandei-lhe uma mensagem e ele respondeu: "Edu, estou no médico, muita dor nas costas, não consegui trabalhar essa semana, inclusive".

Uma semana depois, medicado, ele mandou uma mensagem dizendo estar de volta ao trabalho e que estava me esperando. Chegando à barbearia, vi que ele estava com o rosto cansado, debilitado, tossindo muito, pálido. Perguntei a ele: "Irmão, e aí? Como foi o médico?". Ele respondeu: "São os rins, tenho outros exames esta semana e vou ver o que é, mas ainda sinto um pouco de dor, mesmo medicado".

Dias depois, como de costume, fui até a barbearia novamente para fazer a barba e ele não estava. Mandei outra mensagem: "Irmão, tá ruim ainda?". Ele respondeu: "Estou com algo sério, o médico me disse que é câncer". Naquele momento, fiquei sem nenhuma reação, veio em minha mente a mesma sensação de quando eu havia recebido o meu diagnóstico, e imediatamente disse a ele: "Irmão, eu conheço alguns médicos e pessoas no hospital oncológico que podem te ajudar e direcionar para o especialista, já vou te ajudar a marcar a consulta".

Uns dias depois, fui buscá-lo, pois ele já não conseguia dirigir, e levei-o até o hospital para os exames e consulta médica, desde aquele dia até a sua morte foram apenas 60 dias.

Ele faleceu em um sábado. Três dias antes, em uma quarta-feira, cheguei ao hospital em que ele estava internado para vê-lo e lembro-me como se fosse hoje. Aproximei-me de sua cama. Ele estava deitado ao fundo do quarto e, ao lado, em uma cadeira, estava sua mãe, que pelo seu rosto, não dormia há vários dias. Voltei meu olhar para ela e suas primeiras palavras, com um sorriso no rosto, foram: "Ele está com vontade de comer um pastel, quando sair daqui, vai comer".

NÃO IMPORTA O INÍCIO DA SUA VIDA, E SIM COMO VOCÊ A TERMINARÁ.

Virei meu rosto, olhei para ele e perguntei-lhe: "Irmão, precisa de algo?". Nesse momento, com muita dificuldade em falar, afinal, estava com drenos em seus pulmões, seus rins estavam comprometidos, tudo estava parando, ele me olha e diz algumas coisas que eu nunca mais vou esquecer.

Ele disse com muita dificuldade: "Edu, eu sei que estou morrendo. Eu queria ter feito duas coisas: ter conhecido Jesus antes". Não entendi na hora a profundidade daquilo, mas sua mãe, com os olhos cheios de lágrimas, olhou para mim e disse: "Ele aceitou Jesus". Flávio continuou: "Estou em paz, é lindo". E prosseguiu: **"Queria ter tido mais tempo com minha família, mais tempo com minhas filhas e minha mulher, não ter feito e comprado coisas para agradar aos outros".**

Essas foram suas últimas palavras comigo, com uma voz rouca e com seus olhos semiabertos, quase fechados.

Alguns minutos depois, um médico me chamou para conversar fora do quarto e disse: "Vocês devem se preparar, porque em questão de, no máximo, cinco dias, ele não resistirá, estamos fazendo quimioterapia paliativa". O médico só quis dizer que já era tarde e que iriam parar, porque ele estava sofrendo muito e não tinha nenhuma reação, seus órgãos estavam parando aos poucos.

Sabe aquele momento em que a vida real está diante de nós e percebemos que, de fato, nosso tempo é limitado? Eu tomei um soco bem no meio do queixo, fiquei em silêncio e, logo em seguida, veio um sentimento de que precisava mesmo ajudar pessoas a acordarem e não passarem por isso, até porque, além do Flávio, eu vi, com meus próprios olhos, pessoas de todas as idades suplicando a Deus por mais um dia de vida para poderem fazer diferente, repetindo diversas frases como:

Por que eu não vivi uma vida para mim mesmo em vez de viver sempre para os outros? Por que eu não disse que amava?

Por que não lutei pelo meu sonho? Por que tive medo? Por que não pedi perdão?

Cientificamente, o que acabei de te relatar é comprovado. Imagine-se no final da vida, olhando para trás. O que você veria? Essa pergunta tão profunda nos faz refletir sobre nossas escolhas e sobre o peso delas em nossas vidas. Bonnie Ware, uma enfermeira americana que cuidava de pacientes terminais, descobriu algo notável: a maioria dessas pessoas compartilhava cinco grandes arrependimentos. Eles são verdadeiros alertas para nós hoje:

"Poxa, queria ter sido mais eu, e não o que os outros esperavam de mim."

"Por que trabalhei tanto, hein?"

"Devia ter falado mais o que sentia."

"Caramba, perdi contato com tantos amigos..."

"E se eu tivesse sido mais feliz?"

Durante o tempo em que trabalhei como voluntário no mesmo hospital e enfrentei minha própria batalha contra o câncer, ouvi outras três reflexões que me fizeram acordar pra vida:

"Queria ter conhecido Jesus antes."

"Precisava de mais tempo."

"Devia ter pedido perdão."

Eu não estou aqui para te assustar, mas apenas para lembrá-lo de algo que a Sabedoria Milenar nos mostra: "Senhor, faça com que saibamos que são poucos os dias da nossa vida para que tenhamos um coração sábio" (Salmos 90:12). Esse pensamento é tão poderoso que nos faz recalcular a rota, mesmo quando achamos que não é mais possível. Eu não sei qual é a sua prisão hoje, e se é mais de uma, mas tenho certeza de que a partir de agora você está deixando o estágio 1 da Ignorância para dar a volta por cima na sua vida, pois **não importa o início da sua vida, e sim como você a terminará**, Salomão nos lembra disso (Eclesiastes 7:8). Deixa eu te contar um caso real de alguém que, com certeza, você já ouviu falar, mas talvez não atentou aos detalhes da história dele, que vai trazer combustível para sua vida e você verá que é possível mudar o final da sua história.

O REI DA DINAMITE

Em 1888, um jornal parisiense publicou um obituário prematuro que abalou a cidade. Nele, lia-se: "O mercador da morte está morto. Morreu ontem Alfred Nobel, que enriqueceu inventando maneiras de matar rapidamente as pessoas".

Esse homem, conhecido como "rei da dinamite", acumulou riqueza com sua invenção, usada tanto na construção civil quanto na guerra. A ironia do apelido se reflete no contraste entre sua fama como fabricante de explosivos e seu desejo de deixar um legado positivo para a humanidade. Só que existia um grande porém: o repórter responsável pela matéria acabou publicando erroneamente o nome do falecido, o real nome era Ludvig Nobel, irmão mais velho do químico sueco.

Talvez você já tenha escutado sobre um dos mais renomados e reconhecidos prêmios do mundo, o Nobel da Paz, que é uma prestigiosa honraria internacional concedida anualmente para reconhecer pessoas e organizações que fizeram contribuições significativas para promover a paz e resolver conflitos em todo o mundo. Esse prêmio foi criado após Alfred Nobel, que ao ver essa notícia e imaginar o que as pessoas pensariam sobre ele quando morresse, perguntou a si mesmo: "Serei reconhecido dessa forma? Essa tem sido minha vida?".

Então, tomou uma decisão: mudou o seu testamento e deixou mais de 1 bilhão de reais para a premiação anual. Não importa qual foi seu começo, sempre será do final da sua vida que as pessoas vão se lembrar. Grande parte das pessoas conhece esse prêmio, mas não faz ideia de que foi deixado pelo "mercador da morte". Eu, de verdade, não estou preocupado com quem você é e não vou te julgar. Isso é de sua responsabilidade, a minha responsabilidade é trazer luz à sua vida, plantar uma sementinha na sua cabeça, que é a decisão de mudança em ser alguém melhor que ontem. Está em suas mãos fazer diferente e, sim, você pode terminar sua vida bem, basta entender que seu tempo é limitado e realmente se perguntar e responder às perguntas feitas acima. Meu amigo Flávio se arrependeu, não seja como ele.

Eu tenho que trazer esta verdade na sua vida, que você tem o poder em suas mãos de terminar bem a vida, e para isso começar a acontecer e você ter respostas positivas para todas as perguntas geradas pelo arrependimento no fim da vida, você precisa entender que deve ser de verdade, e que mentira é um veneno na vida do ser humano. No final da vida, a conta vem. Começamos agora, de fato, a libertação das prisões e a fazer você viver o melhor na sua vida emocional, financeira e espiritual. Vamos entender as prisões invisíveis.

NÃO IMPORTA QUAL FOI SEU COMEÇO, SEMPRE SERÁ DO FINAL DA SUA VIDA QUE AS PESSOAS VÃO SE LEMBRAR.

4.

2 MS – PRISÕES INVISÍVEIS

PRIMEIRO M – "MENTIRA"

Era uma segunda-feira ensolarada. Eu tinha acabado de chegar em casa, havia passado toda a manhã no hospital em que era voluntário na área da oncopediatria fazia um ano e meio. Lá, eu brincava com as crianças, jogava e lia para elas enquanto esperavam consulta ou faziam quimioterapia, meu trabalho as ajudava a direcionar seu foco para a alegria, e não para a dor do tratamento. Estava muito feliz porque, no sábado anterior, havia realizado meu primeiro grande treinamento para quase mil pessoas. Tudo estava acontecendo de uma forma tão maravilhosa! Após almoçar, fui preparar uma palestra que ia dar em uma grande empresa à noite e ajustar algumas coisas das aulas.

Enquanto estava focado, ajustando alguns materiais para a semana, meu celular começou a tocar. No início, deixei o telefone tocar, concentrado na preparação do conteúdo. Porém, ao atender na quinta chamada, para minha surpresa, era minha médica do outro lado da linha, dizendo: "Edu, tudo bem? Preciso que venha agora ao meu consultório para conversarmos". Retruquei: "Não consigo, tenho compromisso daqui a algumas horas". Ela insistiu, dizendo que era muito importante falar pessoalmente comigo. Novamente recusei, pois estava completamente ocupado e, para piorar, a palestra

A VIDA ÀS VEZES NOS BATE COM TANTA FORÇA QUE CHEGAMOS A FICAR ZONZOS.

seria em outra cidade. Então, ouvindo isso, ela disse: "Bem, já que está ocupado, quero te falar que seu exame deu uma alteração grave, positivo para câncer". Na hora, respondi: "Como assim? Câncer? Eu não me sinto doente!", ela disse: "Edu, venha e conversamos", então arrumei tempo e fui.

A vida às vezes nos bate com tanta força que chegamos a ficar zonzos. É um diagnóstico, é a perda de um filho, a demissão do emprego, problemas financeiros, o rompimento do relacionamento, alguém que amamos que nos feriu. Há casos que são um somatório de pequenas coisas que um dia explodem. São desafios diários que, se não tivermos Sabedoria, Fé e Inteligência Emocional, vamos até o fundo do poço, transformamos em prisões e não conseguimos nos libertar.

A caminho do consultório só vinha uma coisa à minha cabeça: "Acabei de treinar quase mil pessoas e falei para elas que a Fé inabalável nos faz seguir em frente mesmo quando não vemos a saída, que os desafios nos lapidam e fortalecem nosso espírito e alma para receber as bênçãos de Deus, e que não importa o que você esteja passando, é possível mudar!"

Minha cabeça estava explodindo. Enquanto dirigia, pensava: "Tudo o que eu ensino, preciso colocar em prática agora nessa prisão. Eu já venci antes!". Esse padrão de pensamento me manteve forte emocional e espiritualmente. Tempos depois, ouvi de um grande homem de Deus e um dos maiores especialistas em Desenvolvimento Humano, Tiago Brunet, a seguinte frase: "Tudo que não é verdadeiro tem prazo de validade". Lembro que essa frase mudou minha percepção em tudo, porque entendi que, se eu falar e não viver o que falo, a própria vida vai provar nos momentos de desafios referentes àquilo que você diz que vive. Esteja preparado para as consequências. Você pode cair do cavalo e quebrar a cara, porque não consegue sustentar uma mentira de parecer quem é na frente dos outros; e claro, das câmeras, pois a rede social trouxe personagens. O tempo é implacável, e uma hora a máscara de quem é de mentira cai.

Não tem nada pior do que viver de mentira em qualquer área da sua vida, pois uma hora a conta chega e, quando chegar, não vai fechar, e a única pessoa que vai sofrer mais que todos será você. Se eu não fosse aquilo que falasse, teria me desesperado no momento da ligação e não teria paz e clareza de quem sou.

A mentira pode até resolver momentaneamente algo, mas estraga uma vida inteira, pois não se sustenta. Referente a essa frase sobre a verdade, sempre me lembro de uma mentorada do instituto em que eu trabalhei:

Atleta, fisiculturista e participava de campeonatos, tinha seu estilo de vida voltado completamente a isso, afinal essa era sua realidade. Um dia, conheceu um homem e começou a se relacionar, ele tinha repúdio de exercício, nunca, em toda sua vida, havia feito! Como minha mentorada, ela pagou para que eu lhe desse conselhos e direção, e eu falei: "Você já conversou com ele sobre isso? Já alinharam sobre sua vida de exercícios? Afinal, enquanto ele gosta de sair de final de semana, beber e dormir tarde, você gosta de ficar em casa e dormir cedo para, no outro dia, levantar às 5 horas para treinar; mostre a verdade, fale que cuidar da sua saúde e praticar esportes são algumas das suas grandes prioridades, seja de verdade!".

Ao escutar, as palavras dela foram: "Posso assustá-lo se fizer isso de imediato, vou fazer dar certo, vou levando". Resumindo para vocês, ficaram juntos alguns meses e se separaram. Ah, então significa que jamais pode dar certo com pessoas totalmente diferentes? Claro que pode, o básico e primordial é ser de verdade. No capítulo *Conexões determinam destinos*, eu explico como fazer alinhamentos e encontrar sabedoria para viver relacionamentos pessoais e profissionais abençoados, mas, inicialmente, tudo deve ser na base da verdade.

O TEMPO É IMPLACÁVEL, E UMA HORA A MÁSCARA DE QUEM É DE MENTIRA CAI.

Outro aluno meu comprava coisas para agradar às pessoas, mas, depois de ter acordado pra vida, disse: "Elas não estavam nem aí pra mim, no momento que parei de comprar, ostentar e presentear, afastaram-se, estavam comigo pelo que eu podia dar, e não pelo que eu era"; lembre-se do capítulo em que meu amigo Flávio comentou algo parecido quando estava prestes a partir.

Alguns casos, que levam as pessoas a viver de aparência, devem-se à questão de a pessoa precisar se sentir aceita e amada. Inclusive, um estudo realizado pela Universidade Estadual da Pensilvânia[2] descobriu que se sentir amado no dia a dia está associado claramente com bem-estar psicológico e aceitação, como eu disse, é óbvio. Contudo o interessante dentro desse óbvio é que não se restringe apenas ao amor romântico, mas às microexperiências de contato no cotidiano, ou seja, incluem todo tipo de relacionamento/pessoa que passa pelo seu dia, como vizinhos, amigos e colegas de trabalho e impactam a forma como você se comporta para ter essa aceitação e amor.

A verdade confronta, mas ela te levará para o próximo nível da sua vida e te libertará das prisões, sejam elas criadas por você, como o caso da minha mentorada, ou até mesmo um diagnóstico, coisas que fazem parte da vida.

Mas, antes disso, não posso deixar de confrontá-lo e acordá-lo para que você seja verdadeiro, como Jesus disse: "Como você pode dizer ao seu irmão: 'Irmão, deixe-me tirar o cisco do seu olho', se você mesmo não consegue ver a viga que está em seu próprio olho?". E Jesus complementa dizendo: "Hipócrita!" (Lucas 6:42). Faz todo sentido, não é mesmo?

Quando não se tem Sabedoria e Inteligência Emocional, a pessoa acaba vestindo máscaras para agradar, e, mesmo que superficialmente,

---

[2] Disponível em: https://www.psu.edu/news/research/story/all-feels-feeling-loved-everyday-life-linked-improved-well-being/ Acesso em: 5 jun, 2024.

com mentiras sutis, faz de tudo para sentir-se amada e aceita, mesmo que o "preço" para ter isso seja alto. Pessoas que levam uma vida completamente diferente do que são, e que vivem de máscaras, acabam se machucando, cavando a "própria cova", e, às vezes, machucam quem amam. A mentira em curto prazo pode ser eficaz, mas a médio e longo prazo não se sustenta, seja dentro da sua casa ou até mesmo se você tiver um negócio. A mentira traz consequências negativas em longo prazo.

Quando meu negócio faliu, senti uma forte tentação de mentir. Confesso que considerei colocar uma máscara e inventar uma história, tanto para mim quanto para os outros. Queria alegar que minha empresa havia quebrado por causa da pandemia. MENTIRA! A verdade foi: eu não sabia nada de negócios e muito menos de marketing digital. Fui inconsequente, meu negócio era totalmente *offline*, e não fui humilde a ponto de estudar e aplicar o que aprendi sobre marketing digital; a quebra foi responsabilidade minha, e não do governo, das pessoas e da pandemia. Está tudo bem, vou cometer deslizes, você vai errar, e não há ninguém no mundo que não tenha errado, que não erre ou que não errará, tirando Jesus. Nós, como meros mortais, precisamos vigiar todos os dias nossos comportamentos e pedir perdão verdadeiramente pelos nossos erros; devemos modelar pessoas certas, ou seja, projetar comportamentos de pessoas que têm realização na área em que estamos presos. Isso será explicado com mais detalhes no capítulo *Conexões determinam destinos*, mas, de antemão, minha sugestão é que você olhe para Jesus, modele-o. Ele é a Verdade, tudo Nele é perfeição. Ele é a base da construção para quem quer viver o extraordinário e o sobrenatural na vida.

Não importa se você errou a ponto de quebrar, como eu, e de ficar com dívidas, ou até mesmo se errou com um colega de trabalho ou com quem você ama; o que importa é o que você faz com o que acontece com você, e o primeiro passo para me libertar desse cativeiro financeiro foi ser de verdade. Para todos os clientes e fornecedores que me ligavam ou mandavam e-mail, eu falava a verdade: "Eu quebrei, posso te pagar tanto no dia X, e mais tanto no mês tal". E cumpria a palavra!

Entrei em contato com clientes e avisei sobre o momento, dizendo que estava à disposição, tanto que, dois anos após a quebra, nem sequer mudei de telefone do suporte e de e-mail, ainda seguia pagando alguns, essa era minha realidade, como eu disse, a VERDADE liberta, pois era aquilo e ponto final. Não faria sentido algum mentir prometendo algo, a única pessoa que iria quebrar a cara seria eu, tanto que algumas pessoas voltaram a fazer negócio comigo.

Perceba que isso é um princípio poderoso sobre finanças. Ninguém volta ao mercado e com bom nome após quebrar se realmente não assumir a verdade.

É A VERDADE QUE VAI SUSTENTAR VOCÊ NOS SEUS DIAS RUINS.

Talvez você se lembre do início, quando mencionei que minha esposa estava grávida? Sim, estava. Agora, enquanto escrevo isso para você, acabamos perdendo esse filho. Estou abrindo meu coração para você. Deus me pediu que compartilhasse isso contigo. Ele me disse que dias ruins podem ser bênçãos em nossa vida quando somos verdadeiros.

No dia em que fizemos o exame para ouvir o coraçãozinho do bebê, a médica acabou nos avisando que a gestação havia sido interrompida, o bebê não se desenvolveu, e minha esposa poderia expelir o feto ou fazer curetagem, um exame de retirada. Chegamos em casa, deixei-a e fui para o supermercado comprar algumas coisas que faltavam. Após as compras, ao sair do estacionamento, lembro-me de que havia esquecido os ovos, e prontamente penso em voltar, quando Deus fala comigo. No capítulo *A base de tudo* te ensino a ter intimidade nesse nível. Ele diz: "Não pegue ovos neste supermercado, vá ao mercadinho da esquina da sua casa".

Pensei comigo: Deus, o Senhor sabe quanto está o ovo lá? Dei uma risada e obedeci. Vou ao mercado e, quando desço do carro, um homem, que também estava entrando no mercadinho, começa a me encarar, olha para mim e nem sequer vira o pescoço. Ele devia ter por volta de 30 e poucos anos, quase 40. Eu rapidamente entro, pego os ovos e, quando me viro, aquele homem está a uns dois metros parado, encarando-me. Eu pensei: será que fiz algo de errado para este cara? Ele, então, olha-me com olhos quase em lágrimas e diz: "Edu? Eduardo Malheiros? É você?". Eu digo: "É, moço, sou eu", e dei um sorriso de canto. Ele volta a dizer: "Eu não acredito no que estou vendo, eu fiquei em dúvida, mas é você, só quero te dizer que um vídeo seu me ajudou muito, me tirou do fundo do poço. Sou muito grato, posso te dar um abraço?".

"Claro", eu respondi. Então ficamos conversando por alguns minutos. Esse homem nem era da cidade, estava apenas de passagem, visitando uma mulher que estava conhecendo. Após falarmos, e ele me contar sobre sua vida, seu filho e como era imensamente grato, entrei no carro e entendi, então, o que Deus havia feito naquele momento. Leve isso para sua vida também.

Não importa se seu dia é bom ou ruim, mas quem é de verdade, se for colocado à prova, será sábio nos seus comportamentos. Minha cabeça explodiu porque, até então, aquele dia estava sendo muito desafiador. Fazia três horas que havíamos recebido a notícia da perda do bebê.

Aquele homem não fazia ideia de como meu dia estava, mas imagina se eu vou falar com ele de forma grosseira? Ou simplesmente não dar importância? Na época, eu acho que tinha uns 100 mil seguidores nas redes sociais, isso não é nada quando falamos de alguém te reconhecer na rua; então, qual é a possibilidade de isso acontecer? E ainda ser a primeira vez? E a pessoa nem ser da cidade? É uma entre milhões, e aconteceu.

Você quer sair da condição em que está hoje e realmente ter uma vida próspera e abençoada? Então, deve ser íntegro, transparente, entregar seu melhor e jamais negociar com a verdade, ou seja, algumas características comportamentais de Jesus. Eu aprendi que não existe mentira boa, mentira é mentira; por mais que a verdade doa aparentemente, ela liberta e traz amadurecimento e sustentação.

SER DE VERDADE TE SUSTENTA QUANDO OS DIAS RUINS CHEGAM.

Durante esses anos de atividade nas redes sociais e em palestras, percebi o verdadeiro significado dos bastidores. Enquanto o palco exibe talento em breves momentos, é nos bastidores que o caráter se revela. Quem você é quando não está sendo observado ou gravado? Quem você é quando não está sujeito ao julgamento alheio?

A forma como é de verdade com as pessoas na rua, em casa, no trabalho, na igreja, em todo lugar, tem que ser genuína, e não algo montado, pois não vai se sustentar. Além de destruir sua vida, vai destruir a vida de outras pessoas, inclusive daquelas que você ama. Ser de verdade te sustenta quando os dias ruins chegam, quando as coisas não saem como gostaria, quando você vê o controle escorrer pelos seus dedos; imagina como eu poderia ter estragado o dia daquele homem no mercado?!

Existe um exercício poderoso que deve ser feito hoje na sua vida, talvez você se mantenha única e exclusivamente na prisão emocional, espiritual e financeira por não ser de verdade e estar vestindo uma máscara. Lembre-se de que estamos no processo, juntos, para te ajudar a acordar pra vida.

Pergunte-se: o que preciso fazer para transformar a minha vida a ponto de ser de verdade? Quais máscaras preciso tirar de minha vida para ser de verdade?

Exemplo de resposta: preciso cumprir a palavra que dei a fulano, transformar-me, e devo parar de contar que sou dono de tal coisa, máscara, e parar de comprar X coisa somente para aparecer para sicrano ou para alimentar meu ego.

SEGUNDO M – "MEDO"

Após ter ido ao consultório da médica e ouvir de sua boca que era sério, ela pede que eu procure imediatamente um médico especialista oncológico para ver meus exames. Como eu conhecia alguns por trabalhar como voluntário, na mesma hora liguei para o hospital e, por sorte, consegui um encaixe para o final da tarde naquele mesmo dia, pois um paciente havia desistido.

No hospital, vendo o exame, o médico disse: "Realmente é sério, teremos que fazer primeiro a extração superficial do tumor e ver qual será o melhor caminho para o tratamento". Perguntei a ele: "Radioterapia e quimioterapia?". Ele respondeu que, primeiro, deveria fazer alguns exames. Depois, fazer a extração completa para ver o melhor tratamento.

Nesse momento, um pensamento muito forte cortou todos os outros em minha cabeça. Eu queria saber a possibilidade de não ser tão sério a ponto de não precisar de tratamento, e perguntei a ele! O médico respirou fundo e respondeu: "É como ganhar na Mega-Sena, não negue que você tem um melanoma". Então, dentro de mim, surgiu uma certeza que jamais havia sentido antes, a sensação de "eu ganhei", e compartilhei isso com ele. Imediatamente, o médico me olhou e respondeu de forma muito sincera:

"Edu, como eu disse, não negue o que está acontecendo, talvez, nos exames já pode constar que o câncer se espalhou para outras partes do corpo, esse câncer tem a capacidade de se espalhar rapidamente, e, inicialmente, pelo estágio, deve ser na sua axila esquerda ou até mesmo no seu pulmão esquerdo, porque o tumor está no seu braço esquerdo, então vamos fazer exames, e depois focar no tipo de tratamento."

Naquela semana, fiz uma bateria de exames, e um deles foi uma ressonância com contraste que detectaria se o câncer havia se espalhado para outras partes do corpo. Após uma semana, veio o resultado. Lembro como se fosse agora, conversando com você. Era um dia nublado, estava frio, acordei, tomei meu café da manhã e fui direto à clínica pegar o exame. Com ele em mãos, decidi abrir na frente de todos, porque eu sabia que não seria nada. Para minha surpresa?! O exame constatou um nódulo no meu pulmão esquerdo, bem como o médico havia falado que poderia ter, ou seja, já havia se espalhado.

Nesse momento, foi como se eu tivesse tomado um soco de um boxeador no rosto e no estômago, meus olhos se encheram de lágrimas, senti uma palpitação no peito, fiquei com muito medo, minhas pernas ficaram fracas e automaticamente meus braços e ombros caíram.

Atordoado, decido sair dali, queria ficar sozinho. Vou em direção ao carro, que estava em uma esquina, a pouco mais de 200 metros. Mas dali até chegar no carro alguns pensamentos e perguntas começaram a surgir: "Acabou", "Não vejo saída", "Deus, por que eu?", "Será que vou morrer?", eu estava ficando paralisado, sendo completamente dominado pelo medo.

Eu tinha medo de morrer! O medo em nossas vidas, em dose certa, é fundamental para não sermos inconsequentes. Pense como

ALGUÉM PRUDENTE É QUEM CONSEGUE AGIR COM CAUTELA, SENSATEZ E BOM SENSO AO TOMAR DECISÕES OU ENFRENTAR SITUAÇÕES.

seria se ninguém tivesse medo de nada? Todo dia, alguém que você conhece, ou até mesmo você, morreria, pois aconteceria: "Não tenho medo de dirigir a 200km/h numa via de 40km/h" ou "eu vou entrar nesta jaula de leões". Chega a ser bizarro pensarmos nisso, mas é nesse nível de inconsequência que o medo ajuda, a dose certa do medo é quando traz prudência. Alguém prudente é quem consegue agir com cautela, sensatez e bom senso ao tomar decisões ou enfrentar situações.

É uma qualidade que envolve a capacidade de considerar cuidadosamente as consequências de suas ações, avaliar os riscos e benefícios, e escolher o curso de ação mais sensato e seguro. A prudência implica evitar a impulsividade, a precipitação e a tomada de decisões sem pensar nas possíveis consequências. Naquele momento, o "meu medo" fazia com que eu nem sequer tivesse a capacidade de avaliar o que estava acontecendo.

É muito importante você entender que os desafios que enfrenta vão revelar automaticamente seus medos e trazer para a luz aquilo que estava oculto. Por exemplo, quem está passando por dificuldades nas finanças, tem medo de não conseguir pagar suas contas, medo de ir para o SPC, medo de não conseguir comprar comida, medo de ser despejado. Quem está passando por dificuldade no relacionamento amoroso, pode ter medo de ficar sozinho, medo de ser trocado; esses medos se solidificam à medida que não são combatidos! O primeiro agravante do medo desproporcional é a paralisia no ser humano, começa primeiro na mente, surge falta de clareza, direciona seus pensamentos para o que não serve e, por consequência, afeta a ação, gerando impotência, e um pensamento de que "tudo acabou". Em casos mais extremos, afeta o corpo com o desenvolvimento de doenças psicossomáticas, que são condições médicas em que os fatores psicológicos geram estresse, ansiedade, depressão e outros estados emocionais, desempenhando um papel significativo na manifestação, no agravamento ou no controle dos sintomas físicos. O medo, se não estiver em níveis que caracterizam domínio próprio e autocontrole, pode ser o pior veneno contra si mesmo, afetando até mesmo seu corpo físico e, como comentei, gerando ansiedade desproporcional.

LIDANDO COM A ANSIEDADE

A ansiedade é um sentimento normal que todos nós experimentamos quando enfrentamos situações difíceis ou estressantes. O Dr. Gene Beresin, diretor-executivo do *Clay Center for Healthy Young Minds do Massachusetts General Hospital*, enfatiza: "É normal sentir ansiedade. Na verdade, uma quantidade moderada pode ser até benéfica. O problema surge quando os mecanismos subjacentes às nossas reações ansiosas se desregulam, resultando em respostas exageradas ou em reações apropriadas a situações inadequadas".

Biologicamente falando, a ansiedade é como um alarme interno que nos prepara para lidar com desafios, nos dá mais energia e força. Por exemplo, quando vemos um perigo ou temos um grande problema, nosso corpo se prepara para lutar ou fugir.

Às vezes, a ansiedade pode até ser útil, motivando-nos a nos preparar melhor para enfrentar coisas estressantes, como estudar mais para um teste importante ou praticar uma apresentação.

No entanto, a ansiedade se torna um problema quando acontece nos momentos errados com muita frequência, ou se é tão intensa que atrapalha o que estamos fazendo normalmente; isso comprovará o que o doutor nos falou. Se ficamos muito nervosos antes de falar em público a ponto de não conseguirmos fazer a apresentação ou se nos sentimos constantemente ansiosos sem motivo aparente.

Quando a ansiedade está sempre presente, causando preocupações excessivas sobre várias áreas da vida, como trabalho, relacionamentos e saúde, isso pode ser um sinal de um transtorno de ansiedade, colocando a pessoa em uma prisão emocional. Essa prisão pode levar a sintomas físicos, como tensão muscular, dores de cabeça e problemas no estômago.

Segundo a Organização Mundial da Saúde (OMS), o Brasil é considerado o país mais ansioso do mundo e o quinto mais depressivo. Essa realidade coloca em destaque a importância de compreendermos a ansiedade para enfrentá-la de maneira adequada.

Portanto é importante saber que se sentir ansioso de vez em quando é normal, mas, quando a ansiedade se torna muito intensa ou frequente, pode ser necessário procurar ajuda para lidar com isso, pois, de acordo com a *Harvard Medical School*, a ansiedade constante pode prejudicar seriamente a saúde, pois ela aumenta os níveis do hormônio do estresse, chamado cortisol, elevando a pressão arterial. Isso pode levar a problemas cardíacos, derrames, doenças renais e disfunções sexuais ao longo do tempo.

Um estudo da Lancet de 2017 mostrou que uma área do cérebro chamada amígdala, responsável por reações rápidas ao perigo e pela memória de eventos assustadores, fica mais ativa em pessoas ansiosas. Isso está ligado a um maior risco de problemas cardíacos e derrames, possivelmente devido ao aumento na produção de glóbulos brancos pelo sistema imunológico para lidar com ameaças percebidas. Isso pode causar inflamação e formação de placas nas artérias, aumentando o risco de ataques cardíacos e derrames.

Além disso, a qualidade de vida também é afetada. Pensamentos intrusivos e negativos, ataques de pânico, medo de rejeição são características comuns dos transtornos de ansiedade. Isso pode levar as pessoas a evitarem situações que as deixam ansiosas, interferindo em relacionamentos, trabalho, escola e outras atividades, pois acabam se isolando e recusando oportunidades e deixam de viver o melhor de suas vidas.

Reconhecer a diferença entre ansiedade ocasional e um transtorno de ansiedade é fundamental para buscar o tratamento adequado e evitar uma prisão emocional causada pela ansiedade. Reflita agora: eu me sinto ansioso o todo tempo ou ocasionalmente? Lembre-se de aplicar a verdade sobre você e de não contar histórias; quanto antes tiver autoconsciência sobre isso, mais rápido você sairá dessa prisão emocional.

Se a resposta foi que você, todos os dias e em quase todos os momentos, sente ansiedade, o mais correto a fazer é procurar ajuda profissional, um terapeuta. Não há nenhuma vergonha nisso, ao contrário, mostra inteligência, pois quem quer continuar sofrendo?! Independentemente se seu caso for diário ou ocasional.

Nos próximos capítulos, vou te explicar como algumas coisas podem mudar sua vida, inclusive diminuir significativamente sua ansiedade. Como eu disse, para casos diários, a terapia em conjunto deve ser feita.

Lembre-se, somos seres espirituais e emocionais, e dominar o que vou te ensinar nas próximas páginas não significa que você nunca mais vai sentir nada, você continuará sentindo, mas seu tempo e nível de reação frente a qualquer prisão serão mais conscientes, assertivos e rápidos. O que antes te paralisava por dias, agora paralisará por horas, o que te paralisava por horas, agora paralisará por minutos. É como se a partir de agora você desenvolvesse um músculo, e ele vai crescendo e se fortalecendo.

Para sermos de verdade, devemos enfrentar o medo de mostrar quem somos, e talvez a sua prisão hoje seja a prisão de querer ser quem é, isso vai preencher um vazio que talvez te persiga. É hora de avançar!

PARA SERMOS DE VERDADE, DEVEMOS ENFRENTAR O MEDO DE MOSTRAR QUEM SOMOS.

5. POR QUE ALGUMAS PESSOAS SÃO REALIZADAS E OUTRAS NÃO?

Nove meses após passar pelo câncer, eu quebrei; fiquei endividado, recebi ajuda da família para comer e morar, e o pior de tudo: estava casado fazia três meses. As pessoas me perguntam como dei a volta por cima, tornando-me empresário com mais de cinco empresas, como meu casamento se sustentou, e, claro, quais foram os passos para sair da prisão emocional, financeira e espiritual. Respondo: "Utilizei as três forças, que são Corpo, Alma (Mente) e Espírito", e você terá acesso a isso também. Vamos entender com uma analogia o que e quais são suas responsabilidades.

Imagine um prédio todo de vidro, espelhado e reluzente, que diariamente precisamos cuidar e limpar. Na realidade da vida, isso se encaixa em exercícios, alimentação e higiene, a isso chamaremos de CORPO. Por baixo desse prédio, está a fundação; são centenas de quilos de aço e cimento que fornecem a sustentação para o prédio permanecer de pé. Esse interior do prédio, bem como o local da fundação, chamaremos de ALMA ou MENTE. Nela estão nossas emoções, pensamentos, razão e intelecto, e é ali que criamos nossa realidade a partir do que vemos, ouvimos e sentimos.

Contudo quantos pilares devemos colocar para sustentar esse prédio? Um, dez, trinta pilares? Quantos quilos de aço? Qual é a quantidade de cimento a ser comprada? E, principalmente, os cálculos de sustentação precisam ser exatos para que a base não crie rachaduras e venha a desabar. A responsável por esse cálculo preciso, milimétrico, chamamos de sabedoria, que está vinculada ao pilar do ESPÍRITO.

Nas próximas páginas, vou esclarecer com detalhes para você a importância de cada pilar dessa força e como podemos extrair o melhor de cada um para levarmos uma vida de realizações, com resultados que sejam sólidos e longevos, e claro, não voltar ao cárcere da prisão emocional, financeira e espiritual.

Mais de 12 mil alunos que já treinei, mais de duas mil horas de mentoria, alguns países visitados e amigos que são prósperos financeiramente, que estão com seu relacionamento íntimo abençoado, e que possuem relacionamento e intimidade com Deus, todos apresentaram o mesmo comportamento quando falamos dessas três forças da vida.

O comportamento está ligado à compreensão de que Corpo, Alma (Mente) e Espírito não podem ser tratados separadamente. Se forem negligenciados, surgirão problemas. Portanto é crucial trabalhar em conjunto essas três forças, em vez de focar em apenas uma ou duas delas. A sustentação diante das dificuldades, a libertação da prisão emocional, financeira e espiritual, e o caminho para ter uma vida realizada emocional, financeira e espiritualmente estão diretamente ligados ao esforço diário que dedicamos a cada uma das três forças.

Alguns autores defendem que o segredo para uma vida de realização está no equilíbrio, e que, em algum momento, alcançaremos essa estabilidade nas três áreas. Eu discordo parcialmente dessa ideia. Como diz o grande empresário Flávio Augusto: "Estabilidade não existe", e eu concordo.

JAMAIS DEVEMOS NOS ACOMODAR E ACREDITAR QUE UM DIA ESTAREMOS EM EQUILÍBRIO; ISSO É IMATURIDADE.

Com base em minha própria experiência pessoal, na observação de meus alunos e nos resultados de homens e mulheres que possuem um casamento abençoado, realização financeira e suas emoções controladas, acredito que é a busca constante e diária pelo esforço em todas as áreas que nos sustenta e nos leva a um próximo nível.

Por isso, jamais devemos nos acomodar e acreditar que um dia estaremos em equilíbrio; isso é imaturidade, e não significa ingratidão; ao contrário, é ser grato pelo que tem, mas insatisfeito por se acomodar. A maturidade nos deixa forte frente à vida real que diariamente exige de nós sabedoria e inteligência emocional para lidarmos com nossos pais, amigos, filhos, colegas de trabalho, vizinhos, e, claro, com nossa própria vida.

A evolução contínua requer esforço e disciplina. Lembro-me sempre do que a Sabedoria Milenar fala sobre ser disciplinado, que nenhuma disciplina parece ser motivo de alegria no momento, mas sim de tristeza. Mais tarde, porém, produz fruto de justiça e paz para aqueles que por ela foram exercitados (Hebreus 12:11), ou seja, toda disciplina vinculada ao esforço gera desconforto, afinal mexe com nossas emoções.

Ficar próspero financeiramente exige esforço e desconforto, você tem que estudar e abrir mão de comprar algumas coisas. Ter um casamento e um relacionamento abençoado com amor e cumplicidade exige esforço e desconforto, afinal é preciso deixar o ego de lado e entregar meu melhor sem esperar. Ter um corpo saudável e funcional exige esforço e desconforto, você tem que treinar e comer saudavelmente. Ter intimidade com Deus e aprender a orar exige esforço e desconforto, você precisa se dedicar a entender a Sabedoria Milenar e passar minutos ou horas buscando-a.

QUAL DESCONFORTO EU QUERO PARA MINHA VIDA?

Pessoas financeiramente pobres também têm desconfortos, pessoas que não têm casamentos e bons relacionamentos também têm desconforto, e, claro, quem não se conecta ao Pai tem o principal desconforto de todos, que gerará um grande vazio. A grande diferença entre o pobre e o rico, o gordo e o magro, o casamento com cumplicidade e amor, e sentir um vazio ou não com Papai, é o esforço/disciplina, mas sempre teremos desconfortos, essa é a vida real, por isso escolha hoje: **qual desconforto eu quero para minha vida?**

A partir de agora, você terá acesso a ferramentas e conhecimentos científicos, aliados à Sabedoria Milenar e experiências reais, que explicam como aplicar e entender o funcionamento de cada pilar e suas diferenças. Isso vai responder à pergunta "por que poucas pessoas são prósperas e abençoadas".

Começaremos por uma mescla de dois pilares e de como ambos podem se ajudar.

ALMA & CORPO

Como falamos anteriormente sobre o prédio, a base da construção é a nossa alma, ela guarda as emoções, sentimentos, razão, memórias, ideias e nosso intelecto. Em todos os meus treinamentos, palestras, e quando dou conselhos, destaco a importância de cultivar a inteligência emocional. Um ponto interessante da alma é que, se você compartilha da mesma fé que eu, reconhece que nossa alma será julgada.

Percebi a grande necessidade de identificar e controlar as nossas emoções e de nos comportarmos corretamente. Isso me levou a explorar profundamente meu mundo emocional; essa busca começou desde cedo, quando, após finalizar a faculdade, desenvolvi um mal-estar emocional relacionado à ansiedade, impaciência e outros problemas decorrentes de traumas passados e inseguranças. Sempre acreditei em Deus, mas ficou claro que não adianta só fortalecer o espírito. Com a alma frágil, é como saber e ter em mãos o cálculo da quantidade, mas não ter a matéria-prima para levantar o prédio.

Portanto priorizei o desenvolvimento da inteligência emocional sem abrir mão da espiritualidade e do exercício físico. Até agora, falamos de pontos estratégicos para, de fato, compreendermos a nossa mente. Primeiro, foi preciso mudar seu julgamento para que você percebesse a importância da frequência, você compreendeu que pode terminar seus dias bem, e não é tarde para isso, mas o passo inicial da saída da prisão para viver as realizações é ser de verdade. Vamos passar pelo medo, mas ele tem que ser uma baliza e não um paralisador. Tudo o que foi falado até agora desconstruiu uma percepção inicial sua sobre este livro, mas, principalmente, revelou mais sobre você. Agora, vamos começar a ir mais fundo, trabalhando seu emocional para chegarmos juntos até a Maestria.

FISIOLOGIA INTENCIONAL

Assim que cheguei no carro, após pegar o exame do nódulo do pulmão, respirei fundo, estufei o peito, ergui meus braços, levantei minha cabeça, elevei meus ombros; eu estava conscientemente ativando algo chamado fisiologia intencional. Pare um segundo e imagine:

Como é o comportamento de uma pessoa deprimida ou triste? Como seu corpo está? Cabeça baixa, ombros caídos, e sua fala é como? Fala baixo, chora e, muitas vezes, sequer tem forças para agir; não consegue ter perspectiva de como sair daquele problema. Esse era eu naquele momento da saída da clínica até sentar no carro; eu estava completamente deprimido e triste. Nesse padrão emocional, jamais conseguiria pensar em coisas boas e ver as bênçãos da vida, meu corpo estava influenciando os meus pensamentos!

Essa mudança de comportamento intencional trouxe-me para o agora, automaticamente comecei a ter mais clareza do que estava acontecendo. Minhas emoções, que eram de tristeza e depressivas, começaram a mudar para Paz e sentimento de Esperança e de Domínio Próprio, foi como se eu começasse a abrir uma janela, iniciando pela cortina, depois o vidro e deixando o ar entrar novamente. **Cientificamente**, o que eu estava fazendo era não deixar somente minhas emoções impactarem meu corpo, mas fazer com que meu corpo também impactasse meus pensamentos, gerando sentimentos positivos frente àquele desafio!

Edu, você está dizendo que é possível mudarmos o que sentimos, alterando intencionalmente nosso corpo? Sim, isso se chama fisiologia intencional. A base do que estou te falando está em um estudo de Amy Cuddy, renomada psicóloga e pesquisadora de Harvard, no qual ela afirma que a fisiologia impacta quem somos. Quando falo de fisiologia intencional, refiro-me à capacidade de você conscientemente usar seu corpo para ativar clareza e tomar decisões melhores.

Nesse estudo, constatou-se que o modo como utilizamos o corpo influencia diretamente nossos resultados. A psicóloga explica que simplesmente adotar uma postura de poder, com o peito estufado, a cabeça erguida em linha reta com o horizonte, respiração profunda e os braços abertos por dois minutos, pode reduzir os níveis de cortisol. Esse hormônio, quando estamos enfrentando situações desafiadoras, tende a aumentar nosso estresse e diminuir

> **UM HOMEM QUE NÃO SABE CONTROLAR SUAS EMOÇÕES E VONTADES É COMO A CIDADE COM SEUS MUROS DERRUBADOS.**

nossa capacidade de manter a clareza mental. Além disso, esse simples exercício de fisiologia intencional pode aumentar os níveis de testosterona em homens e mulheres, proporcionando benefícios no humor, na disposição e na concentração.

A fisiologia intencional está diretamente ligada à forma como utilizamos nosso corpo, influenciando nossa maneira de pensar e proporcionando clareza mental e autocontrole. Um simples ajuste comportamental pode reduzir os níveis de cortisol e beneficiar outros hormônios, como a testosterona. E qual é o resultado? Começamos a recuperar o domínio próprio, o autocontrole e a coragem para agir, enquanto nossa ansiedade diminui drasticamente. Além do exercício mencionado anteriormente pela psicóloga Dra. Amy Cuddy, existe mais um exercício de fisiologia intencional que pode combater a ansiedade e promover uma sensação de calma. Veja:

Respiração intencional: praticar exercícios de respiração intencional no mínimo três vezes ao dia pode ter um efeito calmante. Encha os pulmões lentamente pelo nariz, segure o ar por três segundos e expire pela boca, faça isso três vezes. Esse simples exercício pode ajudar a acalmar o coração acelerado e a reduzir a ansiedade. Sempre antes de entrar no palco para palestrar, antes de uma reunião ou de um momento importante, aplico esse exercício. Ele me traz estado de presença com tranquilidade. Experimente! Será libertador.

Agora você percebe que o poder do pilar chamado Corpo não é somente sobre fazer o mínimo, que é cuidar da alimentação e fazer exercícios. Temos que entender, no mais profundo íntimo, que esse corpo é um presente de Deus na sua vida, é um templo em que habita o Espírito Santo (1 Coríntios 3:16-17), e compreender que o corpo tem tanto potencial a ponto de se tornar uma aliada ferramenta poderosa para libertação da prisão emocional, e assim mudar as emoções, fortalecendo o pilar da Alma!

A Sabedoria Milenar nos ensina sobre a importância do domínio próprio, do autocontrole e da paciência (Provérbios 16:32 – Gálatas 5:22). Ela destaca que um homem que não sabe controlar suas emoções e vontades é como a cidade com seus muros derrubados (Provérbios 25:28), ou seja, está frágil emocionalmente e sofrerá a qualquer momento uma derrota, pois sua proteção, que são os muros, as emoções, não estão de pé! Perceba que a capacidade de controlar nossas emoções e ações é um tesouro mais precioso do que qualquer outra conquista material. Essas qualidades nos capacitam a desenvolver resiliência diante dos desafios e a tomar decisões conscientes, guiadas pela sabedoria, para uma vida mais equilibrada e significativa. A partir de hoje, quando qualquer coisa negativa o atingir, você vai quebrar o padrão emocional negativo pela fisiologia intencional (Corpo).

Após ter feito isso no carro, os pensamentos ruins começaram a se dissipar, eu estava voltando aos poucos, o corpo estava sendo um grande trunfo emocional para que eu voltasse ao meu centro de domínio próprio e autocontrole! Minha alma, naquele momento, precisava de todo e qualquer auxílio, então ativei algo que chamo de palavras poderosas. Salomão, em sua sabedoria há mais de 2 mil anos, chama de poder da língua, e a neurociência estuda como a linguagem influenciadora cerebral, e como ela afeta os processos de tomada de decisão, as emoções e a percepção de seu poder de alteração emocional.

Abri minha boca e comecei a declarar palavras poderosas sobre minha vida, ao contrário do que normalmente fazemos de depreciar nossa vida em momentos desafiadores. Eu repetia diversas vezes, em voz alta: "Deus está comigo! Estou curado! Eu estou saudável!".

PALAVRAS PODEROSAS

Salomão, certa vez, disse: "A língua tem poder sobre a vida e a morte, os que gostam de usá-la comerão do seu fruto" (Provérbios 18:21). Ele está dizendo basicamente que o que você fala tem PODER de abençoar ou amaldiçoar a sua vida e a das pessoas com quem convive, é como se a palavra lançada ao mundo fosse uma semente que seguirá o princípio da semeadura e da colheita, ou seja, você obrigatoriamente vai colher tudo aquilo que planta por meio do que sai da sua boca, sejam coisas boas ou ruins, ou como dizem popularmente, "vai pagar a língua", pagar pelas consequências, vai comer de seu fruto.

Tanto as palavras positivas quanto as negativas geram modificações visíveis e podem influenciar os níveis de estresse, tanto físico como emocional.[3]

A neurociência descobriu que toda palavra declarada causa diversas reações no cérebro e tem uma zona de influência sobre como nos sentimos, e isso impacta diretamente a nossa percepção de mundo.

A palavra tem tanto poder que, se for negativa, machuca mais do que um soco, ela destrói sua mente e contribui para você desenvolver baixa autoestima, pessimismo e até mesmo algumas patologias, como ansiedade e depressão.

> **O QUE VOCÊ FALA TEM PODER DE ABENÇOAR OU AMALDIÇOAR A SUA VIDA E A DAS PESSOAS COM QUEM CONVIVE.**

---

[3] Disponível em: https://psychcentral.com/blog/words-can-change-your-brain# 2 Acesso em: 5 jun, 2024.

Num estudo científico que investigou se as palavras machucam[4], reuniram 16 voluntários saudáveis, oito homens e oito mulheres, e todos tiveram o cérebro escaneado enquanto palavras negativas relacionadas à dor eram ouvidas, faladas ou pensadas. As descobertas foram que palavras negativas causam estresse situacional e contribuem para a ansiedade em longo prazo[5].

Costumo falar que a palavra negativa declarada é como uma pedra jogada em um vidro do carro. Mesmo que seja uma pequena pedra, ela racha o vidro. Você até pode dirigir por um tempo, mas chegará o momento em que a rachadura crescerá a ponto de incomodar e será preciso trocar o vidro. Você pode até colocar um novo vidro, mas sempre haverá uma lembrança associada à palavra. Se o poder é tão grande, como comprovado cientificamente e pela Sabedoria Milenar, por que não ser intencional para declarar palavras poderosas positivas sobre você mesmo em vez de amaldiçoar sua própria vida, sua casa, família e amigos, mudando a percepção das circunstâncias da sua vida e de quem está perto de você?!

Quantos relacionamentos íntimos, falaremos com profundidade sobre isso no capítulo 7, acabam em ocorrência de palavras declaradas? Quantos filhos e filhas crescem com traumas emocionais porque escutaram de seus pais: "Você não será ninguém, você não presta", e com palavrões?

Quantas pessoas diariamente declaram maldições sobre suas próprias vidas? Como: "Eu não presto", "Está tudo acabado", ou até mesmo "Eu sou um fracasso!". Centenas de milhares de pessoas. Se algum desses pontos fez sentido na sua vida, isso mudará ao final deste livro, eu acredito nisso, confie em mim!

---

[4] Disponível em: https://www.sciencedirect.com/science/article/abs/pii/S0304395909004564 Acesso em: 5 jun, 2024.
[5] Disponível em: https://brm.institute/neuroscience-behind-words/ Acesso em: 5 jun, 2024.

Um estudo de 2016[6] descobriu que o contexto das palavras importa. As pessoas tendem a trazer as ideias que têm sobre certas palavras para novas situações que são neutras. Os pesquisadores chamaram isso de "prosódia semântica", que quer dizer que o significado exato de uma palavra depende do contexto em que for usada.

Por exemplo, imagine alguém compartilhando uma experiência de trabalho com você. Se essa pessoa usar palavras como "desastroso" ou "terrível" para descrever a situação, você provavelmente terá uma percepção mais negativa sobre ela. Por outro lado, se ela usar palavras como "desafiador" ou "difícil", você pode perceber a situação de forma menos negativa. Isso mostra como as palavras escolhidas, ao descrever uma situação, podem influenciar a nossa percepção e a forma como vemos o mundo ao nosso redor. Vamos nos conhecer pessoalmente, ou por mentorias, ou eventos, e você jamais me verá falando coisas como "horrível", "desastroso". Quando estou frente a algo que mexe com as minhas emoções, eu não falo a palavra "problema", chamo de desafio. Outro ponto interessante é que, quando meu dia está realmente bom, e alguém me pergunta: "Edu, tudo bem?", eu não respondo: "Tudo", eu digo: "Estou ótimo", e quando não está, eu não respondo que está péssimo, e sim que está bom, pois isso muda minha atividade cerebral e me dá energia para tomar decisões.

As palavras têm o poder de moldar nossa compreensão das circunstâncias e afetar nossas emoções. Seja intencional e use sempre palavras positivas. Podemos mudar constantemente qualquer experiência emocional pela simples escolha de novas palavras positivas. Foi o que comecei a fazer, declarando palavras poderosas de cura, saúde e de que Deus estava comigo, **isso não é negar os desafios, os problemas; ao contrário, é blindar-se de uma forma tão poderosa a ponto de conseguir em poucos minutos ser resiliente e corajoso.**

---

6   Disponível em: https://pubmed.ncbi.nlm.nih.gov/27243765/ Acesso em 5 jun, 2024.

Você deve aplicar esses ensinamentos. Leia novamente: DEVE aplicar isso na sua vida, seja sobre você ou sobre as pessoas com quem convive e ama. Tem um exercício que faço todos os dias quando tomo banho pela manhã, eu repito:

EU SOU FILHO DE DEUS, SOU AMADO, SOU ABENÇOADO, SOU PRÓSPERO! EU NASCI PARA GOVERNAR!

AS PALAVRAS TÊM O PODER DE MOLDAR NOSSA COMPREENSÃO DAS CIRCUNSTÂNCIAS E AFETAR NOSSAS EMOÇÕES.

Após o capítulo *A base de tudo*, volte aqui e leia novamente.

No início, pessoas que convivem com você poderão dizer: "O que está acontecendo com você? Por que está usando palavras diferentes?". Continue, pois aos poucos essa semente impactará a vida delas também. As palavras são os tecidos que confeccionam e fortalecem todas as nossas perguntas e dão poder a elas; vamos para o próximo aprendizado.

PERGUNTAS FORTALECEDORAS

Eles não precisaram de um motivo específico para agir, eles o fizeram simplesmente porque ele tinha origem judaica. Os nazistas invadiram sua residência, prenderam-no e a toda sua família, tratando-os como se fossem animais. Eles foram forçados a embarcar em um trem e enviados para o grande campo de extermínio de Auschwitz.

Os horrores que ele testemunhou por lá superaram seus piores pesadelos. Ele presenciou a família ser executada diante de seus olhos. Como ele poderia continuar vivendo após ver as roupas de seu filho sendo usadas por outra criança, sabendo que seu filho havia morrido em um terrível banho ácido? Mas, de alguma forma, ele persistiu. Um dia, ele olhou ao redor e se deparou com a dura realidade: se ficasse ali mais um dia, morreria.

Ele decidiu que precisava fugir, e que essa fuga deveria ser imediata. Não tinha ideia de como, mas sabia que precisava escapar. Por semanas, ele questionou outros prisioneiros sobre como poderia sair daquele lugar horrível. As respostas eram sempre as mesmas: "Não seja tolo, não há escapatória. Perguntar isso só vai torturar sua mente. Apenas trabalhe duro e ore para sobreviver". Mas ele não podia aceitar isso. Estava obcecado pela ideia de fuga, e, mesmo quando as respostas pareciam sem sentido, ele continuava se perguntando repetidamente como poderia escapar.

Quem procura, acha. E, de alguma forma, naquele dia, ele encontrou a resposta. Talvez fosse a intensidade de sua pergunta, ou a certeza de que era o momento de agir, ou talvez fosse apenas a força de se concentrar incessantemente em uma pergunta fortalecedora. Seja qual fosse o motivo, ele encontrou a solução em uma fonte improvável. Perto de onde trabalhava, ele viu uma grande pilha de corpos no fundo de um caminhão. Eram homens, mulheres e crianças retirados da câmara de gás com seus pertences, incluindo as obturações de ouro dos dentes já removidos. Em vez de se perguntar sobre a crueldade dos nazistas ou questionar Deus por tais atrocidades, ele se fez uma pergunta fortalecedora: **"Como posso usar isso para escapar?"**. E, assim, ele obteve a resposta. No final do dia, enquanto o grupo de trabalho retornava aos alojamentos, ele se escondeu atrás do caminhão. Em um breve momento de distração, tirou suas roupas e se deitou entre os cadáveres, fingindo estar morto. Permaneceu imóvel, suportando o cheiro nauseante e sendo quase esmagado por mais corpos jogados sobre ele. Esperou, torcendo para que ninguém notasse um corpo vivo entre os mortos, torcendo para que o caminhão se movesse.

Finalmente, ele ouviu o motor do caminhão ligar e sentiu o veículo se mover. No meio da morte, ele sentiu um pingo de esperança. Após algum tempo, o caminhão parou e despejou a carga macabra – dezenas de corpos e um homem vivo, fingindo ser um cadáver – em uma enorme cova aberta fora do campo. Ele ficou ali por horas, até o anoitecer, quando teve certeza de que estava seguro. Então, emergiu da pilha de corpos e correu nu por 70 quilômetros, até finalmente alcançar a liberdade.

É UMA VERDADE DA VIDA QUE, SE NOS COLOCARMOS COMO VÍTIMAS DE NOSSAS CIRCUNSTÂNCIAS, A VIDA RESPONDERÁ DE ACORDO.

O que faz esse homem diferente de muitos outros que ficaram até o fim de seus dias nos campos de concentração? Havia diversos fatores, mas um ponto crucial foi sua habilidade de formular perguntas fortalecedoras. Com perseverança e fé, ele questionou, aguardando uma resposta. Isso me faz lembrar do que a Sabedoria Milenar diz em Mateus 7:7, "Peçam, e lhes será dado; busquem, e encontrarão; batam, e a porta lhes será aberta". Eu tive a oportunidade de conhecer a história de Stanislaw Lec em 2019, três meses antes do meu diagnóstico. As palavras têm um poder incrível, como já vimos, e a maneira como as usamos, especialmente em forma de perguntas, pode influenciar profundamente nossa perspectiva e emoções. No meu caso e no de Lec, elas nos impulsionaram e geraram esperança. Claro que a história de Lec, sem dúvidas, é muito mais profunda, não estou me comparando, longe disso, ao contrário, estou te provando que as perguntas certas, feitas em qualquer prisão, podem levar você a enxergar o que ninguém enxerga.

É uma verdade da vida que, se nos colocarmos como vítimas de nossas circunstâncias, a vida responderá de acordo, nos trazendo mais sinais de vitimização. Por vezes, nos questionamos: "Por que coisas ruins sempre parecem acontecer comigo?" ou "Por que eu, Deus, por que você permite tudo isso?"; essas perguntas muito raramente geram resultados positivos.

Pessoas que têm controle sobre suas emoções fazem perguntas mais sábias. Elas já alinharam alguns pontos com sua fisiologia e usam sabiamente suas palavras. Em vez de questionar negativamente, elas perguntam: "O que posso aprender com isso?" ou "Como posso melhorar a situação?".

Criar a habilidade de fazer perguntas fortalecedoras é que vai determinar se você conseguirá sair dessa prisão, e foi essa habilidade que me ajudou quando peguei aquele exame, também quando quebrei e fiquei com dívidas. Antes de entrar no carro, minhas perguntas eram erradas, eu me colocava como vítima, mas já dentro do carro, após usar a fisiologia intencional e declarar palavras poderosas sobre minha vida, percebi que as perguntas fortalecedoras me dariam visão de futuro sobre algo para o qual eu não via saída; eu comecei a perguntar: "O que preciso aprender com isso, Deus", "Quais são as bênçãos por trás disso?". Essa última

> **A QUESTÃO NÃO É SE EU E VOCÊ TEREMOS PRISÕES, MAS COMO VAMOS ENFRENTÁ-LAS QUANDO SURGIREM.**

pergunta é extremamente poderosa, pois traz a luz para aqueles que estão no fundo do poço.

Você já pensou sobre como as perguntas podem impactar sua vida? As perguntas que fazemos a nós mesmos e aos outros podem ser guias que nos levam a diferentes caminhos, seja no seu relacionamento íntimo, com seus filhos, amigos e colegas de trabalho. Elas direcionam nossa atenção, afetam nossas emoções, motivam a ação, revelam travas e ajudam na resolução de problemas.

As perguntas fortalecedoras são tão poderosas, reais e atuais como evidenciado por uma experiência recente que vivenciei ao escrever este capítulo em 2024. Passei por um desafio muito grande em uma de minhas empresas. Fui traído por um sócio, minha primeira impressão sobre isso me levou a dizer e a pensar: "Eu o ajudei tanto, e agora, como se estocasse uma faca nas costas, faz isso? Por que, hein, Deus?". No entanto, na hora mudei a fisiologia, minha mulher estava perto de mim e disse: "Respire!", e formulei, então, a pergunta fortalecedora: "Qual aprendizado há por trás disso?".

O segredo, portanto, está em desenvolver diariamente essa habilidade e desenvolver um padrão consistente de perguntas fortalecedoras frente aos desafios gerados pelas prisões. Todos nós, sabendo que não importa aquilo com que nos envolvemos, uma hora ou outra, estaremos frente a prisões pessoais ou profissionais, independentemente de onde estivermos.

A questão não é se eu e você teremos prisões, mas como vamos enfrentá-las quando surgirem. Eu realmente entendo o poder das perguntas fortalecedoras, por isso, em seguida, vou te mostrar algumas que uso sempre na minha vida e nos negócios, e que geram fortalecimento emocional e espiritual.

- *O que preciso aprender com isso?*
- *Quais bênçãos enxergo nisso?*

- Como posso dar os próximos passos?
- Qual é a minha responsabilidade nesta situação?
- O que outras pessoas fizeram para superar isso que estou passando?

Ao reconhecer o poder da fisiologia intencional, das palavras e das perguntas fortalecedoras, podemos aprender a navegar pelos altos e baixos da vida com mais clareza e resiliência.

Primeiro, ao praticar a fisiologia intencional, podemos perceber como nosso corpo e mente estão interconectados. Ao mudarmos nossa postura física e respiração, podemos influenciar positivamente nossos pensamentos e emoções. Essa simples mudança de comportamento pode nos ajudar a encontrar clareza mental e esperança, mesmo em momentos desafiadores.

Além disso, ao reconhecer o poder das palavras, podemos escolher conscientemente as expressões que usamos para nos descrever e aos outros. Ao declarar palavras positivas e encorajadoras, podemos nutrir uma mentalidade positiva e fortalecer nossa autoestima, construindo um alicerce sólido para enfrentar os desafios.

Por fim, ao fazer perguntas fortalecedoras, podemos direcionar nossa mente para soluções e aprendizados, em vez de nos afundarmos na vitimização. Ao nos questionarmos sobre o que podemos aprender com uma situação difícil ou sobre como podemos melhorá-la, capacitamos a nós mesmos para encontrar caminhos positivos para seguir em frente.

Portanto, ao reconhecer e praticar essas três ferramentas – fisiologia intencional, palavras poderosas e perguntas fortalecedoras – podemos cultivar uma mentalidade resiliente e construir uma vida cheia de esperança, coragem e domínio próprio. Com essas ferramentas ao nosso alcance, estamos preparados para enfrentar os desafios da vida com confiança e determinação, sabendo que somos capazes de superar qualquer prisão que esteja em nossa vida.

Todas essas estratégias, se aplicadas diariamente e com verdade, vão revelar saídas que você não via, e fortalecer suas emoções, trazendo cura e coragem para sua alma. Vamos para o próximo pilar, que eu considero **a base de tudo**. Foi esse pilar que, de fato, me fez prosperar e obter resultados acima da média.

6.
A BASE DE TUDO

Meu amigo Flávio, que você conheceu no capítulo 3, pouco antes de partir, estava junto de sua mãe. Ela o acompanhou em praticamente todos os momentos. Lembro-me de que, quando eu cheguei ao velório, obviamente a comoção era grande, afinal foi questão de poucos dias desde a descoberta do câncer até o falecimento. Ao entrar, eu a vi ao fundo, estava sentada perto do caixão. Para minha surpresa, ela estava sorrindo. Mesmo nessa situação, dava para ver o brilho em seus olhos, dava para ver que não era algo forçado, somente para mostrar que era forte, ela realmente estava com um semblante de paz, obviamente não estava feliz, mas, como eu disse, com um sorriso e uma paz inexplicável.

O pai do Flávio estava mais calado e abatido. Achei o comportamento dela estranho e interessante, porque, quando se perde um filho, algumas pessoas vão para o fundo do poço. Entenda, eu não estou julgando ou dizendo o que é certo e errado, estou apenas expondo algo que eu vi e que me levou a conversar com ela, eu disse: "Meus sentimentos, estou aqui para ajudar, a senhora está precisando de algo? Seu marido também?". Ela, com muita calma, me olhou e disse: "Muito obrigado por tudo que fizeste por nós. Eu estou com tanta paz, pois eu conheço meu Deus e sei que isso não é o fim, Ele sabe de todas as coisas, eu agradeço a Deus pelo tempo com o Flávio e por ele ter aceitado Jesus".

Sinceramente, na hora, meu cérebro deu uma fritada, pois até aquele momento eu nunca havia conhecido uma pessoa de tanta Fé, aquela senhora me mostrou a Fé Inabalável. Eu fui para a rua, e foi a primeira vez que entendi verdadeiramente o significado de não murmurar, reclamar e amaldiçoar Deus pelo ocorrido; ao contrário, ela expressou gratidão a Deus pelo tempo junto ao filho. Eu entrei novamente, sentei-me e vi algumas senhoras falando: "A fulana está negando o que aconteceu, ela nem está chorando, querendo mostrar que é forte". Pensei comigo: O quê? Elas não sabem o que estão falando, e então me lembrei do médico falando comigo, quando perguntei da possibilidade de meu câncer não precisar de tratamento, e ele respondeu para eu não negar; foi nesse momento que ficou claro para mim que, naquele dia, eu estava também "utilizando", ou melhor, vivendo na Fé.

Fé não significa negar os problemas, mas significa que, quando a tempestade chegar à sua vida e deixá-la de cabeça para baixo, a paz sobrenatural e as emoções certas vão se revelar. É como blindar-se emocionalmente e ficar fortalecido, mesmo quando tudo te levaria a desabar.

A Sabedoria Milenar define a fé como a certeza daquilo que esperamos e a prova das coisas que não vemos (Hebreus 11:1). Essa simples, mas profunda, afirmação mostra a essência de uma fé inabalável que transcende a nossa compreensão humana. A fé não é uma mera expectativa otimista; é uma convicção firme, um conhecimento íntimo de verdades que ultrapassam a esfera

> **TEMOS QUE CONTINUAR E CONFIAR, DANDO O PRÓXIMO PASSO. DEUS, EM SUA SABEDORIA DIVINA, COLOCARÁ O CHÃO E CUIDARÁ DE NÓS.**

do visível. Essa fé é uma âncora, oferecendo segurança e esperança em meio às prisões da vida.

Imagine a fé como uma grande ponte sobre um gigantesco abismo. Embora não possamos ver o outro lado e o que está no fundo, a fé nos assegura de que a travessia é possível. Ela é a força que nos motiva a dar o primeiro passo, mesmo quando tudo ao nosso redor parece incerto. A base de toda sua vida está sobre a sua fé, eu não estou falando sobre religião, e sim que muitas vezes na nossa vida teremos apenas a certeza de que temos que continuar e confiar, dando o próximo passo. Deus, em sua Sabedoria Divina, colocará o chão e cuidará de nós.

Mas você pode estar se perguntando: como desenvolver ou ter essa mesma Fé? É possível? Todos desenvolvem? Sim, e nosso ponto de partida é deixar a religião fora desta conversa. De todo meu coração, não me interessa sua religião, isso é uma questão particular sua. O que me interessa, como seu professor e amigo, é se você, de fato, está preocupado com o que mais importa: viver um relacionamento íntimo com Deus a ponto de desenvolver esta Fé Inabalável, e ter sua Espiritualidade fortalecida. Sim? Vamos com tudo.

Algumas pessoas que me seguem nas redes sociais, ou são alunas, inicialmente têm uma dificuldade e falta de clareza para entender o que é o nosso Espírito. Há uma maneira muito simples de entender, e vou te ensinar, pois aprendi com Tiago Brunet. Você jamais se esquecerá!

Nosso Espírito é nosso meio de comunicação com Deus, é como se ele fosse uma espécie de *walkie-talkie* com Deus, se você não tem ideia do que é *walkie-talkie*, digite agora no Google para conseguir compreender, é uma espécie de rádio transmissor. Algumas pessoas têm mais desafios para conseguir executar essa comunicação, outras têm desafios para escutar, outras falam que não sentem nada. Não sei em qual nível você está, mas agora vamos juntos construir passos para lapidar seu Espírito e fazer com que esse *walkie-talkie* funcione e você acesse essa fé inabalável e a sabedoria (este é outro ponto que falaremos mais para a frente). Existem três coisas que vão fortalecer seu Espírito e, consequentemente, alimentar sua fé a ponto de ela ser inabalável. Essas três coisas foram escritas há milhares de anos na Bíblia, e são:

- Você foi criado à imagem e semelhança de Deus (Papai), e neste mundo nasceu para governar, você é autoridade. Se não acredita em mim, leia Gênesis 1:26-27.
- Antes mesmo de estar no ventre da sua mãe, Deus (Papai) já te conhecia, entenda que você é um ser Espiritual, e que a vida aqui na terra é apenas uma vírgula na Eternidade (Jeremias 1:5).
- Para conhecer Deus (Papai) é necessário conhecer Jesus. E para conhecer Jesus, você precisa reconhecê-Lo como único e suficiente Salvador e ser batizado, até porque ninguém vai até Deus (Papai) se não por Ele (Jesus) (João 14:6-7).

Perceba que, quando eu falar Papai, estarei me referindo a Deus.

VOCÊ TEM NOÇÃO DO QUE ESTÁ ESCRITO ACIMA?

Você foi separado, há autoridade e honra que lhes foram dadas (Salmos 8). Eu não sei quanto a você, mas, quando li isso pela primeira vez, uma ficha gigante caiu, e, consequentemente, entendi que, se eu vim de um lugar onde já tive contato com Papai e sou feito à imagem e semelhança Dele, então minha comunicação com Ele deveria ser algo primordial para mim.

Aqui entram dois pontos importantíssimos:

Se tomar como verdade o que está escrito acima, você ativa sua identidade de filho. Mas, se tiver alguma dúvida sobre qualquer ponto acima, posso tranquilamente te falar que não importa quanto você trabalhe, quanto desenvolva suas emoções e corpo, sempre haverá um vazio, e como ser humano que luta por uma vida melhor, **será como um hamster em uma gaiola correndo e correndo, mas que está parado em um mesmo local, por mais que esteja se movimentando.**

Eu não tenho vergonha nenhuma em falar para você que eu comecei a ler a Sabedoria Milenar porque queria entender sobre Salomão e sua riqueza; comecei a ler para aprender como pode a Bíblia ter ensinamentos sobre o homem mais rico que já existiu e, ao mesmo tempo, falar sobre salvação. Pasme, mais de 50% das pessoas não sabem que a Bíblia trata de dinheiro, família e casamento. As pessoas acreditam que trata somente de milagres, arrependimento e da volta de Jesus.

> **ALIMENTE DIARIAMENTE A SUA FÉ.**

A Sabedoria Milenar é um manual de vida. Mesmo aqueles que não compartilham da mesma fé que eu tenho em Cristo, se seguirem o que está escrito, terão uma vida bem-sucedida aqui na Terra. Você não precisa ser cristão para entender que roubar e matar são errados; basta ter consciência moral. Mas aqueles que aceitarem Jesus como seu Senhor e Salvador, além disso, terão paz diante de qualquer prisão e acesso à salvação. E isso é o que realmente importa no final de sua vida.

Meu conselho para você? Alimente diariamente sua fé! Comece lendo Provérbios, um capítulo por dia. Você obterá chaves poderosas sobre comportamento, riqueza, criação de filhos, como lidar com pessoas e terá acesso à sabedoria de Deus. Além disso, todos os dias há um novo conteúdo em meu canal do YouTube (@eduardomalheiros).

E vejam que interessante: o livro de Provérbios possui 31 capítulos, ou seja, é ideal para cada dia do mês. No próximo capítulo, falaremos com mais detalhes sobre a base que é o livro de Provérbios. Também te aconselho a ler e meditar no Evangelho de João. Você começará a entender quem foi Jesus e todas as maravilhas que Ele fez. Meditar para compreender é imaginar. Quando leio algo na Sabedoria Milenar, eu imagino. Às vezes, fecho meus olhos, penso nos detalhes, no local, nas roupas, na forma de falar. E, claro, se há uma palavra que não compreendo, vou ao Google e pesquiso o significado. Isso fixa o conteúdo na minha mente.

O GRANDE PODER

Paralelamente à leitura de Provérbios e do Evangelho de João, aconselho também a ativar a comunicação com Deus por meio da oração. Existe algo muito poderoso na jornada daqueles que mantêm essa comunicação com o Pai, pois ela permite antever o que os olhos naturais não veem, além de proporcionar proteção contra o mal, a inveja e os perigos diários. Inclusive, já existem estudos científicos que comprovam que a cura física está intrinsecamente relacionada com a oração.

Estudos realizados pelo Dr. Andrew Newberg, professor e diretor de Pesquisa do *Marcus Institute of Integrative Health na Thomas Jefferson University*, nos Estados Unidos, mostraram que orar pode ajudar o corpo a lutar contra doenças. Ele descobriu que, quando alguém ora regularmente, fortalece uma parte do cérebro chamada lobo frontal, que é importante para ativar o sistema de defesa do corpo.

Outro estudo, desta vez da Universidade Duke, confirma que quem tem fé tende a viver 25% mais do que aquelas pessoas que não têm. Além disso, são pessoas que geralmente têm uma saúde melhor, tanto física quanto mental, com pressão arterial normal e um sistema imunológico mais eficiente.

No mesmo dia em que peguei meu exame que indicava um nódulo no pulmão, após declarar palavras poderosas e usar perguntas fortalecedoras, bem como a fisiologia intencional, levei o resultado ao oncologista. Suas palavras foram: "Edu, eu disse que era sério, mas quero fazer mais exames, muito mais detalhados". Naquela mesma semana, o médico agendou a remoção completa do tumor, pois o primeiro exame confirmava a disseminação do câncer. Desde o dia da remoção até o resultado final da biópsia, passaram-se cerca de um mês e quinze dias. Finalmente, chegou o resultado do exame e, para surpresa minha e do médico, o nódulo no pulmão estava petrificado. A biópsia final apontou que o câncer havia regredido para o nível 0 e que apenas a remoção cirúrgica era necessária para a cura. Minhas manchas e possíveis novos tumores desapareceram, e pediram para levar meu caso para estudo fora do país.

> **A CONEXÃO COM DEUS É FORTALECIDA PELA DEDICAÇÃO DIÁRIA À ORAÇÃO E À MEDITAÇÃO NA PALAVRA.**

O que me sustentou durante esse tempo? O que me sustentou quando quebrei financeiramente, fiquei endividado, sem condições para comer, e acabei vivendo da ajuda da família? O que me fez seguir em frente foi a fé e, com certeza, o alinhamento do poder da oração com a fisiologia certa, palavras poderosas e perguntas fortalecedoras. Agora você está começando a compreender como tudo é interconectado!

Eu sou prova viva do poder da oração. Ela fez e faz parte do meu dia a dia; a conexão com Deus é fortalecida pela dedicação diária à oração e à meditação na Palavra. Eu oro por tudo, inclusive pelas pessoas com quem convivo. A eficácia da oração intercessória é comprovada cientificamente. Imagine orar por alguém e ver essa pessoa melhorar e ter menos complicações? É isso que o estudo realizado pelo Instituto de Pesquisa Clínica Duke, liderado pelo cardiologista Mitchell Krucoff, afirma. Segundo ele, a oração intercessória mostrou resultados promissores em estudos preliminares com pacientes com HIV e com casais inférteis, indicando um possível papel do espírito humano na saúde e na recuperação[7].

Veja o poder que a oração tem de ativar o mundo espiritual sobre você e sobre aqueles por quem você ora. Ela traz bênção, prosperidade, paz, segurança e cura! A oração deve ser uma prática diária. Se você percebeu bem, a pesquisa revelou efeitos significativos para aqueles que oram regularmente, e o mais fantástico é que, com o tempo, você acaba desenvolvendo tanta intimidade com Deus que começa a receber respostas e fazer perguntas cujas respostas pareciam impossíveis.

Lembra quando falei com o médico sobre a possibilidade de não ter que fazer um tratamento sério? E um pensamento cortou todos os outros? Então, era Deus falando comigo. Apenas depois de um tempo fui compreender isso por meio da prática diária da oração e da meditação na Sabedoria Milenar, que nos deixa mais sensíveis à sua voz. Cientificamente, já apresentei o poder da oração, e talvez você esteja se perguntando: "Certo, mas como orar? E eu nunca tive uma experiência reveladora com a oração".

Pensando nisso, vou te contar um caso muito pessoal e particular, envolvendo uma pessoa da minha família que amo muito. Assim, vou te mostrar como orar. Quase ninguém sabia desta história até este livro ser publicado, mas estou compartilhando este testemunho para aumentar sua fé e para você ver que a oração é real. Alguém perto de

---

[7] Disponível em: https://today.duke.edu/2001/11/mm_prayerand.html Acesso em: 5 jun, 2024.

você, eu, vivenciou o que a ciência confirmou. Isso vai plantar uma semente dentro de você, que começará a ser cuidada e regada, e em breve você terá suas próprias experiências com Deus (Papai). Quando isso acontecer, vá até meu Instagram e me conte essas maravilhas! Eu creio, e você?

A PEQUENA GUERREIRA

Na quietude de um quarto de hospital, em que o tempo parece hesitar entre a esperança e o medo, havia uma pequena guerreira de apenas 3 anos. Com seus olhos grandes e curiosos, ela enfrentava uma batalha que nenhuma criança deveria conhecer: a leucemia. Eu, seu irmão de 12 anos, encontrava-me preso entre a impotência e a urgência de fazer algo, qualquer coisa, para aliviar sua dor. A lembrança daquele dia, quando cheguei ao hospital e a vi pela primeira vez com a máscara e o suporte de soro com medicamentos, ficou gravada em mim como uma cicatriz. "Como posso ajudar minha maninha a ficar melhor?", era a pergunta que eu fazia constantemente na minha mente, numa busca desesperada por esperança.

Foi num momento de desespero profundo, naquele espaço entre a súplica e o milagre, que encontrei força na fé. Convenci minha mãe a se juntar a mim em oração, num pequeno canto do hospital dedicado à contemplação e à busca por conforto espiritual. Ali, ajoelhados, com as mãos entrelaçadas e os corações abertos, clamamos por

MUITAS VEZES, É QUANDO NOS SENTIMOS MAIS FRÁGEIS QUE DESCOBRIMOS NOSSA MAIOR FORÇA.

um milagre. As lágrimas que derramamos eram feitas tanto de dor quanto de esperança, uma prece silenciosa por algo além da nossa compreensão.

E então, algo inexplicável aconteceu. No meio da nossa dor e súplica, sentimos uma presença avassaladora, uma paz que transcendia qualquer palavra. Era como se, por um breve momento, o tempo parasse e nos fosse dada uma promessa silenciosa de que tudo ficaria bem. Não era algo que pudesse ser visto ou tocado, mas era profundamente sentido: uma certeza inexplicável de que estávamos sendo ouvidos. Três dias depois, contra todas as probabilidades, minha irmã começou a mostrar sinais de recuperação. Os médicos, confusos e surpresos, não conseguiam explicar. Mas no fundo, mesmo ainda muito jovem, eu sabia. Foi a fé, a nossa entrega completa a Deus, que trouxe minha irmã de volta para casa, para a vida.

Hoje, refletindo sobre aqueles tempos difíceis e sobre como as coisas melhoraram, percebo que milagres realmente acontecem por causa da fé. O que aconteceu com minha irmã mostrou-me que, mesmo nos momentos mais desafiadores, sempre existe uma esperança, um pequeno raio de luz. E muitas vezes, é quando nos sentimos mais frágeis que descobrimos nossa maior força. Deus jamais abandona seus filhos, e, para ser considerado um, você precisa aceitar, no âmago do seu ser, por livre e espontânea escolha, aquelas três coisas que mencionei no início deste capítulo.

Por isso, não importa o que você esteja enfrentando, seu espírito precisa ser nutrido. É possível transformar a prisão e o deserto em que você vive hoje por meio da lapidação da alma. Deus vai te tornar mais forte; sempre há esperança.

MAS COMO ORAR?

Vou explicar algo que move os céus e traz sobre você uma paz que excede todo entendimento. Orar é conversar com Deus, e isso vai muito além da repetição de palavras; é algo profundo. Vou te guiar em como orar, algo que faço diariamente e que, como você já leu, transformou minha vida, e estou certo de que transformará a sua também.

Deus deseja que você dependa Dele, que você revele o que está em seu coração. Por quê? Mesmo que Ele te conheça profundamente, Ele espera sinceridade em suas conversas, que você mostre verdadeiramente quem é.

No início, para mim, foi desafiador, pois eu tinha dificuldade em me concentrar. Muitas vezes, meus pensamentos se dispersavam. Deus não espera que você repita sempre as mesmas palavras. Como um Pai amoroso, Ele quer que você se abra com Ele. Ele quer que confie a Ele seus pensamentos, quer alguém genuíno, não alguém que use máscaras por vergonha ou para parecer eloquente. Isso não importa para Ele. Deixe-me compartilhar algo que mudou em minha forma de orar: agora, compartilho tudo com Deus, inclusive aquilo de que sinto vergonha. Por quê? Porque somente Ele tem o poder de trazer a cura emocional e espiritual de que necessito. Deixe-me compartilhar algo que Jesus mesmo ensinou:

> Subiram dois homens ao templo para orar. Um era fariseu (religioso); o outro, publicano (cobrador de impostos). O fariseu, em pé, orava no seu interior desta forma: Graças te dou, ó Deus, que não sou como os demais homens: ladrões, injustos e adúlteros; nem como o publicano que está ali. Jejuo duas vezes na semana e pago o dízimo de todos os meus lucros. O publicano, porém,

mantendo-se à distância, não ousava sequer levantar os olhos ao céu, mas batia no peito, dizendo: Ó Deus, tem piedade de mim, que sou pecador! Digo a vocês: este voltou para casa justificado, e não o outro. Pois qualquer que a si mesmo se exaltar será humilhado, e quem se humilhar será exaltado (Lucas 18:10-14).

De maneira simples, o que Jesus estava mostrando ali era a arrogância do homem que dizia: "Não sou como eles, faço isso e aquilo". Esse homem estava se gabando, e essa oração jamais teria resposta; mesmo que ele falasse palavras bonitas, elas não eram sinceras. Já o outro homem, o cobrador de impostos, abriu seu coração e reconheceu verdadeiramente quanto precisava melhorar, pois era pecador.

Papai quer a sua sinceridade, não palavras vazias, por mais que sejam lindas de se ouvir. Ele deseja que exponhamos nosso coração, falemos o que estamos pensando, expressemos a verdade, nossos desejos e arrependimentos. O que mais importa para Papai é a comunicação genuína, sincera e verdadeira. Jesus

ATÉ MESMO OS PROBLEMAS PODEM SER CONSIDERADOS UMA BÊNÇÃO, POIS NOS TORNAM HUMILDES E QUEBRAM NOSSO ORGULHO, ABRINDO NOSSOS CORAÇÕES E MENTES PARA AS RESPOSTAS DIVINAS.

diz que esses são os verdadeiros adoradores (João 4:23-24), algo que vai além de tradição ou religião.

Sempre manifeste sua gratidão sincera a Deus. Costumo dizer às pessoas: "Não se acostume com tudo que você tem; mas seja grato pelas pequenas bênçãos diárias". Mais de vinte milhões de pessoas no Brasil enfrentam a fome diariamente, uma realidade dolorosa. Muitas vezes, esquecemos de agradecer pela comida que temos, pela casa que nos abriga e pela nossa saúde e de nossos entes queridos. Expressar gratidão a Deus por todas as bênçãos em nossa vida é essencial. Até mesmo os problemas podem ser considerados uma bênção, pois nos tornam humildes e quebram nosso orgulho, abrindo nossos corações e mentes para as respostas divinas.

Ore pelas pessoas, pedindo por cura e provisão. Orar insistentemente por nós mesmos e pelos outros é uma das formas mais poderosas de transformação, que alivia a ansiedade e traz uma paz que ultrapassa todo entendimento, e Papai guarda no nosso coração e mente em Cristo Jesus (Filipenses 4:6-7). Quero te ajudar a praticar isso. Sempre digo que, quanto mais você repete um hábito, mais extraordinário você se torna. Então, é importante seguir alguns direcionamentos nesse início. Quanto mais você trabalha sua mente e espírito, mais fortalecido se torna.

Essa pequena rotina, que eu chamo de Ativação Diária de Identidade, fortaleceu minha comunicação com Deus a ponto de me sentir à vontade para chamá-lo de Papai. Não esqueça também que você pode começar orando através do Pai Nosso (Mateus 6:9-13), Jesus nos dá direção de como e pelo que orarmos, então inicie fazendo isso e depois adicionando palavras de sua própria maneira, certo? Exemplo: "Perdoai nossas ofensas", diga: Pai me perdoe por isso e aquilo. Encontre um lugar tranquilo, de preferência seu quarto, onde você pode desenvolver intimidade com Deus. Sempre que possível, eu oro no meu quarto, de joelhos, começando com expressões como "Pai

Amado", "Pai Celestial", "Amado Deus". Agradeço por diversas coisas, peço perdão por onde errei e necessito melhorar, solicito sabedoria, direção, bênçãos, provisão e proteção contra o mal. Em seguida, declaro palavras poderosas, como "Eu sou filho, amado, próspero e abençoado, eu vim para governar", lembrando da importância dessas palavras. Após terminar, retorno à ideia das palavras poderosas e as declaro com fé. Finalizo com a frase: "Jesus, você está à frente de tudo, dando-me força para seguir com coragem". E concluo dizendo "Em nome de Jesus Cristo, Amém".

> **LEMBRE-SE:** baseie sua oração no Pai Nosso, abra seu coração e deixe fluir.

É OBRIGATÓRIO SER DE JOELHOS?

Não, mas, para mim, mostra humildade e uma busca de intimidade mais profunda. Grandes pessoas como Salomão e Davi oravam assim.

TEM QUE SER NO QUARTO?

Isso é interessante, porque Jesus fala que devemos entrar no quarto, fechar a porta e orar ao Pai que está em secreto; e teu Pai, que vê em secreto, te recompensará publicamente (Mateus 6:6-7). Eu recomendo que você faça isso, e com o tempo começará a desenvolver tanta intimidade que poderá se comunicar com Papai a todo momento. No seu quarto, essa conexão será ainda mais profunda e significativa. Eu costumo orar em qualquer lugar: no trabalho, no shopping, no banheiro, na rua, no avião e no carro. Isso demonstra que estou sempre consciente da presença de Papai, sabendo que Ele está sempre me ouvindo e respondendo às minhas orações. Sempre finalize sua oração em nome de Jesus Cristo, pois Jesus nos ensinou que devemos pedir ao Pai em seu nome (João 14:13). Então, finalize sua oração com "Em nome de Jesus Cristo, Amém!".

Lembre-se de que intimidade em um relacionamento leva tempo. Eu, quando conheci minha esposa, tinha uma intimidade bem menor do que agora, isso é natural, porque a qualidade do tempo que dedico a algo ou a alguém revela o retorno da intimidade. Quanto mais buscá-Lo, mais próximo Deus (Papai) estará de você.

Ativamos a sua Identidade e comunicação, compreendemos quanto é importante saber o porquê, e como alimentar seus pensamentos; a oração, consequentemente, reflete o "tamanho" da sua fé. Lembre-se: a fé vem pelo ouvir a Palavra (Romanos 10:17). O grande segredo é ter dedicação diária, pois não só fortalece e alimenta nossa fé, mas também molda nossas emoções, trazendo qualidades como domínio próprio, paz, paciência e amor. Essas são emoções que refletem a presença de Deus em nós, como mencionado em Gálatas 5:22-23. Percebe como tudo está ligado?

Fortalecer o pilar do Espírito significa absorver ensinamentos divinos e praticar a oração. A oração é o canal direto para o sobrenatural, aprimorando e estabelecendo uma conexão profunda com Papai. Agora, quero te apresentar algo que vale mais que ouro que está dentro do pilar do Espírito, e que é responsável por

> **A QUALIDADE DO TEMPO QUE DEDICO A ALGO OU A ALGUÉM REVELA O RETORNO DA INTIMIDADE. QUANTO MAIS BUSCÁ-LO, MAIS PRÓXIMO DEUS (PAPAI) ESTARÁ DE VOCÊ.**

direcionar nossa vida. Lembra que a Alma é a fundação do prédio? Agora, vamos dar o nome ao que cria os cálculos de sustentação que direcionam quantos pilares construir, quanto aço e cimento utilizar na base da fundação do prédio (Alma), para que assim ele (Corpo) não desmorone.

7.
O QUE VALE MAIS QUE OURO E PRATA NESTE MUNDO

Na Idade Média, um homem devoto de sua fé foi falsamente acusado de ter cometido um assassinato. O verdadeiro culpado era um indivíduo influente do reino e, desde o início, houve uma busca por um bode expiatório para encobrir o crime.

O homem, levado a julgamento, enfrentava um destino predeterminado: a morte na forca. Consciente de que suas chances de sobreviver eram mínimas, ele sabia que o sistema estava contra ele.

O juiz, também cúmplice na trama para condenar o homem inocente, fingiu conduzir um julgamento justo. Propôs um teste de sorte ao acusado:

"Por minha profunda devoção, deixarei seu destino nas mãos do Senhor", disse o juiz. "Escreverei 'INOCENTE' em um pedaço de papel e 'CULPADO' no outro. Você escolherá um dos papéis, e este será seu veredito. Que o Senhor guie a sua escolha."

Sem que o acusado percebesse, o juiz preparou os dois papéis com a palavra 'CULPADO', garantindo que não houvesse chance de absolvição.

O homem, confiante em sua fé, aproximou-se da mesa em que estavam os papéis. Após um momento de oração silenciosa, ele pegou um dos papéis e o engoliu rapidamente.

Os presentes ao julgamento ficaram chocados e indignados com sua ação, questionando como saberiam qual papel ele tinha escolhido.

Com calma, o homem respondeu: "Não será difícil. Basta olhar o outro pedaço de papel que sobrou. Se eu engoli 'INOCENTE', então é óbvio que o outro é 'CULPADO'."

Percebendo que a trama tinha sido descoberta, o juiz não teve escolha senão libertar o homem. A justiça prevaleceu sobre a traição, e o homem inocente foi salvo da morte injusta devido à sua sabedoria.

Talvez você já conheça essa metáfora, ela explica em detalhes como somente a sabedoria pode resolver o "irresolvível" e libertar de prisões que jamais pensaríamos em sair.

As informações a que você terá acesso nas próximas páginas, nenhum dinheiro no mundo pode pagar para ter. É inestimável, por isso não tem preço, e sim valor. A Bíblia fala que a sabedoria oferece uma vida longa, além de riquezas e honras. Ela torna a vida agradável e guia a pessoa com segurança em tudo o que faz. Os que se tornam sábios são felizes, e a sabedoria lhes dará vida (Provérbios 3:16-18). Ela vai guiar você a partir de hoje em todas as suas decisões, ela dará direção e um futuro próspero e abençoado na sua vida.

A SABEDORIA NOS TRAZ A CAPACIDADE DE PENSAR COMO PAPAI (DEUS).

Até agora, caminhamos juntos para a libertação das prisões, vimos sobre o poder dos três pilares: Corpo, Alma (mente) e Espírito. Contudo, chegou a hora de dar os próximos passos, que são: "Eu saí da prisão, e agora?!" e "Como a sabedoria me ajudará a não entrar em novas prisões e a ser realizado emocional, financeira e espiritualmente?".

Eu vou detalhar para você como ela pode mudar sua vida, pois mudou a minha e me fez realizar coisas espetaculares, assim como, de acordo com a Sabedoria Milenar, ela fez na vida do homem mais rico e sábio que já existiu: Salomão.

Falando nele, duas mulheres, que eram prostitutas, foram procurar Salomão para pedir a sua ajuda. Uma das mulheres disse: "Por favor, majestade, nós duas moramos na mesma casa e tivemos filhos quase ao mesmo tempo. Três dias depois de eu ter o meu filho, ela também teve o filho dela. Não havia mais ninguém conosco na casa. Uma noite, enquanto dormíamos, ela rolou para cima do filho dela e o matou. Então, enquanto eu ainda estava dormindo, ela pegou o meu filho, colocou-o nos seus braços e pôs o filho dela morto nos meus braços. Quando acordei e fui olhar melhor o meu filho, percebi que não era ele, pois estava morto. Mas a outra mulher disse: 'Não! O filho morto é seu, e o vivo é meu!'".

As duas mulheres continuaram discutindo na frente do rei. Então o rei disse: "As duas dizem que o filho vivo é delas, e nenhuma das duas concorda com a outra. Agora, peguem uma espada e cortem o menino vivo em dois pedaços. Deem metade para cada uma". Mas a mulher cujo filho era vivo ficou muito aflita por causa do filho e disse ao rei: "Por favor, majestade, dê a criança viva a ela; só não a mate!". Já a outra mulher disse: "Está bem, cortem o menino vivo ao meio! Assim nenhuma de nós duas ficará com ele".

Então o rei Salomão disse: "Não matem o menino! Deem o menino vivo à mulher que está dizendo que ele é da outra; pois ela é a mãe verdadeira dele". Todo o povo de Israel ficou sabendo do julgamento que o rei havia feito e teve muito respeito por ele, pois viram que era sábio e que tinha a aprovação de Deus para ser rei (1 Reis 3:16-28).

A sabedoria nos traz a capacidade de pensar como Papai (Deus). No texto acima, vemos um caso de duas mulheres que foram procurar seu rei com o intuito de que ele resolvesse um grande problema. Num primeiro momento, coloque-se na situação do rei Salomão, recebendo duas completas estranhas e ambas dizendo que o filho é seu. Imagine uma época sem DNA, gravações de vídeo, fotos com o filho e sem testemunhas oculares, apenas duas possíveis mães. Quando tomamos posse da sabedoria, ela nos dá a capacidade de resolver grandes problemas, mesmo quando não são nossos, além da capacidade de sermos justos quando ocorre algo de terceiros que nos afeta. Nesse caso, a sabedoria dada a Salomão fez com que sua decisão de partir o menino ao meio revelasse o coração da verdadeira mãe, entregando-o para a mulher que disse: "É melhor meu filho viver com outra do que ter uma parte dele comigo morto".

Essas duas histórias revelam a grande diferença entre a inteligência emocional e a sabedoria. A inteligência emocional (Alma) te ajuda a sair de prisões e a lidar com suas emoções; a sabedoria (Espírito) faz com que você não entre em prisões. O grande poder de cada uma é que a inteligência emocional é acionada no meio do furacão, e a sabedoria de Deus faz com que você anteveja desafios e não crie problemas. Trazendo a analogia do prédio, que vimos no capítulo anterior, a sabedoria é o cálculo responsável que determina a quantidade de cimento e aço a ser comprada e as devidas posições de onde deve estar cada pilar. Ela é o invisível que sustenta a base (Alma).

A sabedoria está no seu pilar espiritual, por isso foi muito

QUANDO TOMAMOS POSSE DA SABEDORIA, ELA NOS DÁ A CAPACIDADE DE RESOLVER GRANDES PROBLEMAS, MESMO QUANDO NÃO SÃO NOSSOS, ALÉM DA CAPACIDADE DE SERMOS JUSTOS QUANDO OCORRE ALGO DE TERCEIROS QUE NOS AFETA.

importante, até aqui, você compreender pelo que cada pilar é responsável e como cada um influencia nossa vida. Eu não poderia falar da sabedoria sem antes mostrar como você pode se conectar com Papai, pois a sabedoria é dada a qualquer um que pede a Deus, e, antes de pedir, eu tive que te mostrar como construir e aprimorar esse canal de comunicação com Deus por meio da oração.

Tiago, irmão de Jesus, diz que Deus dá sabedoria a todos que pedem, Ele dá a todos indiscriminadamente, basta pedir (Tiago 1:5). Na sua próxima oração, diga: "Pai, me dê sabedoria, eu quero pensar, agir e falar como o Senhor". Agora você aprendeu a pedir, mas para, de fato, ser e agir como sábio, é preciso primeiro temer o Senhor (Provérbios 9:10), pois toda sabedoria vem somente de Deus. Temer a Deus significa respeito, e não medo, é você entender, no fundo do seu coração, que suas ações devem agradar e sempre buscar que sejam de acordo com a vontade do Papai. Eu costumo dizer que é muito fácil pedir para pensar como Deus, difícil mesmo é agir e fazer como Ele. A verdadeira sabedoria vem do céu, ela afeta diretamente o nosso comportamento.

Agora, imagine Deus aparecer para você e perguntar o que você mais quer na sua vida? O que quer que eu lhe dê? Quantos pediram coisas como: dinheiro, poder, relacionamento, saúde etc.? É um tanto quanto óbvio que muitas pessoas tenham pedido isso, mas, quando Deus apareceu a Salomão e fez exatamente essa pergunta, Salomão respondeu: "Senhor, me dê sabedoria para que eu possa governar o teu povo com justiça e saber distinguir o bem e mal!". Diante dessa humilde resposta de Salomão, Deus decide abençoá-lo com riqueza e honra, como nenhum outro rei jamais terá em toda sua vida (1 Reis 3:6-14).

Para você entender um pouco mais sobre Salomão, ele foi o rei mais próspero e sábio que Israel já teve. Todo ano ele recebia cerca de 23 mil quilos de ouro (1 Reis 10:14-15), o que, na conversão de hoje, 6/2/2024, dá quase 7 bilhões de reais por ano. Ele governou por

40 anos, faça o cálculo. Fora, claro, outras fontes de receita que ele tinha, e seus mais de 40 mil cavalos e diversos carros de guerra; era uma fortuna inestimável. Em seu palácio, acolhia homens e mulheres que vinham de longe para receber seus conselhos; seu nome era conhecido em todos os lugares.

Brevemente, você conheceu 1% de como a sabedoria influenciou a vida de Salomão e como ele construiu riquezas. É claro que isso veio da bênção do Senhor para ele, até porque, como falamos, a sabedoria vem de Deus. Contudo até hoje seu nome é conhecido justamente por sua sabedoria e, depois, suas riquezas.

Depois que comecei a pedir sabedoria ao Papai, minha vida emocional, financeira e espiritual mudou completamente. A falta de sabedoria me fez quebrar; e, enquanto não a pedi ao Papai, eu tapava buracos cavando outros. Nos dias de hoje, é como se a pessoa criasse um problema para resolver outro. Casos reais como este abaixo eu recebo diariamente de pessoas que estão endividadas:

"Edu, pelo amor de Deus, me ajuda, eu estou devendo muito para agiotas, eles estão me ameaçando". Eu pergunto: "Me responde, por que você pegou dinheiro com agiota?", e a pessoa responde: "Ah, Edu, eu precisava pagar o banco e o cartão de crédito!". E eu pergunto novamente: "Você pegou conselhos?". Ele diz: "Conselhos?

É TÃO IMPORTANTE ASSUMIRMOS O PROTAGONISMO DE NOSSA VIDA, SUBIRMOS AO PALCO, DEIXARMOS DE SER MEROS ESPECTADORES NA PLATEIA.

Deus me livre, tenho vergonha, ninguém pode saber, nem minha família, mulher e filhos".

Sabe o que é isso? É clássico da pessoa que, por falta de sabedoria, entra em novas prisões para momentaneamente se libertar de uma. O que sempre falo aos meus alunos é que o tolo é como quem quer emagrecer, vai até o médico e/ou nutricionista e pede uma dieta. O profissional fala: "Na refeição X, faça uma sopa, algo que seja leve e líquido". A pessoa entende somente a parte do líquido, e bate no liquidificador um hambúrguer; isso é nojento. No fundo, a pessoa está somente enganando a si mesma, porque diz: "Ah, é líquido". Isso é tão prejudicial que, no fim, você só muda a cela, e não ganha a liberdade, é pura tolice.

Se você já fez algo parecido, eu não te julgo, pois já fiz pior, mas hoje me nego a errar novamente por falta de sabedoria, porque é tolice. Lembra que comentei aqui que estava quebrado? Nesse mesmo período, estava recém-casado, e minhas dívidas chegaram a 100 mil reais, mas imagina, um ano depois, uma oportunidade aparecer na sua vida, em que você ganharia 12 mil reais mensais em um contrato de doze meses? Nessa época, eu comia de favor e meu aluguel era pago pelos meus pais, então ganhar isso por mês era uma grande bênção! Só que a tolice, que revela a falta de sabedoria, transforma bênção em maldição. Eu havia conseguido indicações por um amigo para trabalhar como consultor, e dentro desse processo acabei criando fontes de receita para a empresa, o que iria impactar um setor dentro da instituição, acarretando uma reformulação no modelo de negócios. O grande desafio era que um dos diretores responsáveis deveria ser desligado ou realocado, só que esse diretor era também um dos sócios, que, para não perder seu posto, começou a "jogar" e a manipular. Ele fez minha caveira, como se diz popularmente. Eu sabia o que estava acontecendo, e, naquele momento, tudo o que eu queria fazer era expô-lo. Humildemente, te falo aqui, abrindo meu coração, eu queria me vingar e fazê-lo pagar com a mesma moeda, agi como um grande tolo. Obviamente, o contrato foi quebrado e eu nunca mais prestei serviços para eles. A bênção se tornou maldição, pois não fui nada sábio na decisão e, para piorar, voltei à estaca zero financeiramente, o contrato foi de apenas dois meses.

Por vezes, devido à falta de sabedoria, enfrentei dificuldades para tomar decisões assertivas e acabei preso emocional e financeiramente. A última delas, quatro anos atrás, foi por total responsabilidade minha. Como você leu acima, teve um impacto significativo em minhas finanças e, claro, balançou meu casamento. Eu afirmo a você que mais de 80% dos desafios que passamos e as prisões em que entramos acontecem por nossa responsabilidade. Por isso, é tão importante assumirmos o protagonismo de nossa vida, subirmos ao palco, deixarmos de ser meros espectadores na plateia. Você é o ator e atriz principal dessa história, mas, para uma mudança brusca, não basta coragem para subir ao palco, tem que ter os comportamentos para que essa peça tenha valor, senão ela sairá de cartaz rapidamente. As decisões são capazes de moldar nosso futuro, e a sabedoria traz luz para aquelas que realmente importam, essa é a principal função da Sabedoria.

Um estudo científico, realizado na Universidade de Oxford, feito por Sahakian & Labuzetta (2013)[8], estima que um adulto toma cerca de 35 mil decisões conscientes e inconscientes por dia. Essas decisões acontecem desde que acordamos. Decidimos se vamos ativar o modo soneca do despertador e dormir mais 5 minutinhos, se tomaremos banho, o que é sempre bom, café, ou qual roupa usar, como iremos para o trabalho: será de ônibus, metrô, carro? Todas essas decisões se encaixam nas inconscientes. São denominadas assim porque não terão um impacto gigante no seu futuro. Já as decisões conscientes,

---

8 Sahakian, B. J.; Labuzetta, J. N. (2013). *Bad moves: how decision making goes wrong, and the ethics of smart drugs*. London: Oxford University Press.

como a decisão de se casar e com quem se casar, de investir em seu próprio negócio, de pedir um aumento e até mesmo demissão, de mudar de cidade ou país, impactam seu futuro, seu alinhamento e planejamento de vida. Somente a sabedoria pode te dar uma base concreta para todas as decisões. Afinal, somos seres emocionais e, às vezes, você estará cansado e até mesmo não estará em um dia "bom", somente a sabedoria faz com que você não tome decisões precipitadas no dia a dia e abandone o barco em meio à tempestade, acabando por destruir coisas importantes na sua vida. Ela te dá a capacidade de ajustar as velas e direcioná-lo para aquilo que realmente importa na sua vida.

Portanto, como protagonistas de nossas próprias vidas, somos constantemente desafiados a tomar decisões que moldam nosso futuro e impactam não apenas a nós mesmos, mas também aqueles ao nosso redor. Reconhecendo que a grande maioria dos desafios que enfrentamos e prisões que entramos é resultado de nossas próprias escolhas, torna-se imperativo assumir a responsabilidade por elas. A sabedoria surge como uma luz-guia nesse caminho, capacitando-nos a discernir entre as decisões triviais e aquelas que verdadeiramente importam, que moldam nosso destino. Ao cultivarmos os comportamentos dos sábios, que é o assunto do próximo capítulo, vamos desenvolver uma base sólida para construir relacionamentos sólidos, alcançar a estabilidade financeira e aprofundar nossa intimidade com o Papai. É pela sabedoria que ajustamos nossas velas em meio às tempestades da vida, navegando

> **É PELA SABEDORIA QUE AJUSTAMOS NOSSAS VELAS EM MEIO ÀS TEMPESTADES DA VIDA.**

com firmeza em direção ao que realmente importa. Que possamos, assim, buscar incessantemente a sabedoria, pois é ela que nos capacita a viver com propósito e plenitude.

8.
CONEXÕES DETERMINAM DESTINOS

Na época eu tinha de 19 para 20 anos, recém-contratado como estagiário em um grande banco cooperativo, era um sonho trabalhar em banco, afinal desde novo eu tinha a percepção de que terno se usava somente em bancos. Eu achava "chique", ficava admirado, vendo aquelas pessoas andando para cima e para baixo com aquela roupa. Eu estava muito feliz, pois a área em que havia sido contratado era justamente a de treinamento e desenvolvimento, ali eu poderia começar a me aprimorar, porque eu gostava desde cedo de liderar e de falar em público. Cerca de dois meses de trabalho, meu chefe me chama e diz: "Edu, infelizmente teremos que romper seu contrato de estágio, pois nossa responsável pela área da biblioteca está grávida, e teremos que repor outra pessoa no lugar dela. Meu orçamento não permite contratar outra pessoa sem cortar alguém, então lamento, vou precisar te mandar embora".

Passados alguns minutos, fiquei pensando em como poderia continuar ali. Na época, eu estava estudando administração de empresas e tive a ideia de verificar uma disciplina eletiva para estudar biblioteconomia à noite na faculdade, e me matriculei nessa disciplina. Minha estratégia era justamente chegar no outro dia e falar para meu chefe que eu estava me preparando para assumir a biblioteca para ele e continuar fazendo o que eu fazia.

No outro dia, bem cedo, cheguei e expliquei para ele a dor de cabeça que teria em contratar outra pessoa, treinar e ainda absorver o trabalho manual que eu fazia. Isso iria fazê-lo perder ainda mais tempo. Sua cabeça se moveu concordando, e eu disse: "Marcos, estou matriculado em uma disciplina eletiva para aprender um pouco sobre biblioteconomia e isso já vai suprir a saída da responsável durante seu período de maternidade". Além, claro, de eu não querer perder meu emprego, eu vi uma oportunidade ali.

Levou dois dias para ele aceitar minha proposta, e prontamente eu comecei a me familiarizar com o que era aquilo. Na época, não era tão simples acessar a internet; celulares também não tinham essa função disponível. As pessoas iam até a biblioteca para ler jornais, revistas, tomar seu café e até mesmo relaxar após o almoço.

Existe um princípio poderoso, que é gratuito e traz novas percepções com aprendizado, chamado: observação! É tão poderoso que até Salomão, em toda sua vida, conta que aprendeu muito observando os animais e a natureza. Eu estava aplicando o princípio, todas as pessoas que vinham até a biblioteca falar comigo, eu observava e escutava atentamente. Homens e mulheres que se vestiam bem, falavam de negócios, tinham carros de valores que jamais pensei ser possível ter, pois vim de uma família financeiramente pobre.

Começaram a acontecer coisas, como diretores, supervisores e até mesmo meu chefe, em seu "descanso" após o almoço, passarem a me contar sobre suas vidas particulares.

As pessoas perguntam qual foi o dia que minha chave realmente virou, "Edu, quando você soube o que iria fazer da vida?". Eu digo que foi uma ligação na biblioteca. Um senhor de uma cidade pequena do interior do Paraná era um cliente desse banco e sempre me ligava semanalmente para pedir um livro ou revista, até que, em uma dessas ligações, ele me diz: "Edu, estou muito triste, hoje aconteceu uma tragédia, meu porco morreu". Eu respondi: "O quê? Não

NÃO FALE DE ALGUÉM, FALE POUCO DE SI E MUITO DE DEUS.

entendi direito", e ele, com uma voz de homem bem do interior, fala: "Meu porco de estimação morreu, meu amigo", e começou a chorar.

Gente, tem coisas que parecem que só acontecem em filme, né? Mas isso era tão real que na hora me deu um estalo, as pessoas são carentes de atenção e querem ser ouvidas, e quem se importar verdadeiramente com isso suprirá qualquer habilidade que falta em si. Eu não era o melhor matemático, muito menos escrevia bem, mas durante o período em que estive naquela biblioteca, nunca antes tantos livros foram emprestados, nem o espaço recebeu tantas visitas.

Eu me preocupava a ponto de saber o horário de algumas pessoas e deixar revistas e jornais separados. Na época, redes sociais não eram como hoje, a leitura física era muito forte. Eu entendi que a primeira habilidade para se ter sucesso na vida era a de se importar verdadeiramente com as pessoas. Hoje, eu entendo que essa habilidade é um comportamento sábio, a pessoa sábia desenvolve a capacidade de observação, fala pouco de si e escuta muito. A Bíblia fala muito desses comportamentos e ensina realmente a introduzir a mentalidade de que todos aqueles que passarem pela sua vida, seja em casa, na rua e no trabalho, precisam sair melhor do que você os encontrou. Sendo assim, não fale de alguém, fale pouco de si e muito de Deus. Escutei isso na internet e confesso que não sei quem falou, mas faz muito sentido, por isso observe e faça perguntas sobre a pessoa. Outro comportamento importante é o fato de você ouvir e não julgar, eu escutei tanta coisa que jamais imaginaria. Desde aquela época, e claro, até agora, a pessoa com comportamento sábio têm clareza que todo mundo erra, então ela não julgará o outro por ter feito algo diferente; lembre-se do capítulo 2, a pessoa, às vezes, nem sabe que não sabe.

Aqui entra um ponto muito importante, sempre dê conselhos se alguém lhe pedir e jamais repreenda um tolo, pois essa pessoa vai desprezar a sabedoria de suas palavras (Provérbios 23:9). Eu me controlo 100% para não colocar palavras para fora. Primeiro, porque, talvez, a pessoa não esteja aberta nem tenha pedido, e, segundo, é que toda palavra declarada nos torna escravos do que falamos, por isso aqueles que guardam o que falam são donos das suas palavras. Fale e dê o conselho somente se pedirem, do contrário você pode até mesmo ser mal compreendido, por mais que a intenção seja positiva.

Caro leitor, não vai adiantar nada suas habilidades, como Excel, cálculo, criatividade, se você não aprender que o que te mantém empregado, seu negócio de pé, casado, com amizades e ser realizado financeiramente é a sua capacidade de relacionar-se com pessoas.

O ser humano é difícil, complicado, tem suas manias, alguns são orgulhosos, invejosos, arrogantes. Eu sei, não estou passando a mão. Quem nunca na vida já foi orgulhoso e tolo? Apenas estou trazendo luz para sua vida de que somos seres sociáveis e emocionais, que nascemos para estar em comunidade, isso são pequenos desvios da fórmula da vida, relacionamentos fortalecem nossa alma e espírito.

Eu costumo falar aos meus alunos que o talento e o dinheiro abrem portas, mas

O TALENTO E O DINHEIRO ABREM PORTAS, MAS SOMENTE SEU COMPORTAMENTO FARÁ COM QUE VOCÊ VOLTE AO LOCAL QUE FOI ABERTO.

somente seu comportamento fará com que você volte ao local que foi aberto. Isso é tão poderoso que reflete nas empresas e nos negócios. De acordo com um levantamento feito pela Page Personnel, que é uma das maiores empresas do mundo especializada em recrutamento, a cada dez demissões, nove são por comportamento[9], um dos pontos chaves que compunham as demissões era que as pessoas não tinham habilidades, como relacionar-se e desenvolver pessoas, e o agravante ainda era que não buscavam melhorar. No momento em que vivemos, as pessoas que se relacionam com maestria vão se sobressair e conquistar coisas grandiosas.

Eu vou te direcionar agora para que você tenha maestria em seus relacionamentos em casa, na faculdade, no seu negócio ou no trabalho. É claro que é impossível detalhar tudo para você, pois somente esse conteúdo em minhas mentorias e eventos levam cerca de quatro horas. Com o que você vai receber a seguir, entenderá o motivo de aplicar os comportamentos sábios que impulsionam conquistas. São conselhos sábios que não apenas garantirão um futuro promissor, mas também melhorarão sua realidade de maneira significativa ainda hoje.

CONEXÕES

Jesus, o maior homem que já passou por essa Terra, nos revelou que, além de seus milagres, cuidava de algo precioso, seus relacionamentos. A Palavra revela para nós que Jesus tinha centenas de pessoas que o seguiam e a quem ele dava atenção. Dessas pessoas, Ele escolheu apenas doze para ter um relacionamento diário com Ele. Isso não quer dizer que a decisão de ter doze discípulos fazia com que Ele excluísse os demais. Como relatei, algumas dessas dezenas fora desse círculo fizeram coisas grandes também (Lucas 10:1), contudo devemos reconhecer que os doze começaram a ter prioridade

---

9 Disponível em: https://g1.globo.com/economia/concursos-e-emprego/noticia/2018/09/18/9-em-cada-10-profissionais-sao-contratados-pelo-perfil-tecnico-e-demitidos-pelo-comportamental.ghtml Acesso em: 5 jun, 2024.

em relação aos demais. A mesma regra poderíamos aplicar a esses doze; apenas três deles, Pedro, Tiago e João, parecem ter um relacionamento ainda mais íntimo com Ele. Só esses três viram Jesus ressuscitar uma menina (Marcos 5:37 e Lucas 8:51) e viram sua glória no monte da transfiguração (Mateus 17:1); os demais não.

Há um gigantesco aprendizado aqui, pois, quando falo isso para as pessoas, algumas reações são: "Mas Jesus não convivia com gente da pior laia? Inclusive jantava com eles?". Eu respondo: "Jesus veio para salvar e chamar os pecadores e ser médico dos que precisam (Mateus 9:10-13), mas em nenhum desses jantares Jesus contou coisas particulares nem falou sobre seus próximos passos. Ou seja, se até Jesus nos ensina sobre como devemos, de fato, filtrar algumas coisas que falamos para certas pessoas, também temos que entender que a convivência diária com certas pessoas, mais cedo ou mais tarde, vai trazer comportamentos nocivos sobre você, afinal a Sabedoria Milenar afirma que as más companhias corrompem os bons costumes (1 Coríntios 15:33).

QUANTO MAIS EU ME ALIMENTO DA PALAVRA, MAIS ÍNTIMO E SÁBIO ME TORNO.

Como nos blindar de termos comportamentos que nos coloquem em prisões e não esquecer de ajudar e amar o próximo, levando palavras de amor e carinho, e claro, de Deus?

À medida que compreendo que minha conexão com a Palavra me torna mais íntimo e sábio, percebo que, ao pedir sabedoria a Deus, Ele generosamente concede, como já observamos. (Tiago 1:5). Por isso, é importante realmente entender e aplicar tudo deste livro. O que estou te ensinando agora te ajudará a não entrar em prisões de relacionamentos e não te tornará tolo e fará com que sofra, pois aquele que convive com sábios se tornará sábio, mas o companheiro do tolo sofrerá severamente (Provérbios 13:20). Não há segredo aqui, você é ser humano, Jesus é Jesus, não adianta querer argumentar, Jesus sempre soube o que se passava nos pensamentos das pessoas (Lucas 5:22). Eu e você não sabemos, por isso temos que ter sabedoria nas escolhas das pessoas em nosso ciclo social e sermos intencionais com quem dividimos nossos dias.

Às vezes, eu sei que é desafiador, porque a pessoa que mais nos coloca para baixo, ou até mesmo fica fofocando, fala mal, é alguém da nossa família, e como lidar com isso? Como lidar com aqueles em quem não conseguimos ver um pingo de mudança?

Eu passei por isso, e o que fiz foi orar, pedir para que Deus tocasse o coração da pessoa, e, em paralelo, fui estratégico nos meus próximos passos, eu não contava nada. Quando as pessoas viram meus resultados, seus pensamentos começaram a mudar, e, de verdade, você não tem que fazer nada ou dizer nada para elas, apenas seguir estudando, orando, aplicando o que aprendeu e tendo Fé, afinal é o Espírito de Deus que convence (João 16:8).

Saiba que as prisões emocionais, financeiras e espirituais em que muitas vezes entramos acontecem por causa da nossa responsabilidade em aceitar certos comportamentos de algumas pessoas que, aos poucos, vão minando nossa mente e espírito e direcionam nossa frequência para pobreza emocional, espiritual e financeira. Eu falo abertamente para meus alunos que enriqueci como ser humano, tive mais intimidade com Deus e minhas emoções melhoraram quando me afastei desses comportamentos.

FOFOQUEIRA E ÀS VEZES DESTILADORA DE VENENO

Eu fiquei chocado quando recebi a notícia de que a Roberta, com 40 e poucos anos, estava com câncer no cérebro e tinha poucos dias de vida, foi uma comoção gigante. Eu orei, jejuei e, de verdade, supliquei a Deus pela vida dessa mulher. Eu e minha esposa a conhecemos quando ela nos ajudou com a indicação de aluguel do nosso apartamento. Após receber essa notícia, eu a encontrei, e com o coração em profunda tristeza, pensei: "Pai, por favor, dê a cura na vida dela". Três dias depois, contaram-me que ela não estava em estado terminal e não tinha nada no cérebro, apenas retirou uma pinta na testa que podia dar início a um câncer. A fofoca foi tão forte que agiu como um telefone sem fio, da remoção de uma pequena pinta para câncer cerebral terminal. Coitada, agora eu entendo sua cara quando ela me viu olhando para ela com tanta firmeza e no fundo dos olhos, deve ter pensado: "O Eduardo enlouqueceu me olhando assim". É de rir agora, mas, depois dessa história, eu percebi como algo que nasce entre duas pessoas pode gerar uma grande notícia devastadora.

Esse é o poder da fofoca. Existem pessoas que têm prazer em contar tudo da vida dos outros e, o pior, são aquelas que, além de fofocar, falam mal e inventam mentiras sobre alguém, contando para você e revelando segredos. Às vezes, a pessoa confidenciou algo secreto e quem recebe a

PESSOA QUE FOFOCA, E/OU FALA MAL, ASSIM QUE VOCÊ VIRAR SUAS COSTAS, VAI FOFOCAR E FALAR MAL DE VOCÊ PARA AS DEMAIS.

informação não consegue guardar a informação para si. Quero te lembrar que esse tipo de pessoa que fofoca, e/ou fala mal, assim que você virar suas costas, vai fofocar e falar mal de você para as demais.

Foi um aprendizado forte na minha vida que levo para tudo hoje. Quando alguém começa a falar, a fofocar, ou me retiro do ambiente em que ela está, ou sou objetivo e pergunto: "Isso que você está me contando é verdade? Ou você está apenas repassando algo que ouviu de alguém? Se for algo que ouviu, você me diz, pois não quero saber. Se a pessoa responder que é verdade e que a própria pessoa contou a ela, você pergunta: "O que você vai contar é algo relevante e bom?".

Aqui entra a real intenção do coração da pessoa. Se ela falar que é claro que é bom, aí você faz a última pergunta: "Essas coisas que são verdades, relevantes e boas, a pessoa te autorizou a contar?". Simples e poderoso! Para quem é meu colaborador, ou convive comigo diariamente e me conhece, sabe que esse filtro existe na minha vida. Faço essas perguntas justamente para promover o domínio próprio na pessoa. Acredite, existem vezes em que a fofoca é algo tão corriqueiro e natural que a pessoa nunca havia pensado sobre isso. Aqueles que não consigo evitar de fazer fofoca ou de ter a língua venenosa na convivência, seja familiar, por exemplo, ou por questões profissionais, eu simplesmente me retiro do local ou começo outro assunto, caso não consiga sair de onde estou. Esse é o comportamento mais sábio que você terá, e pode ter certeza de que influenciará positivamente ao longo do tempo quem está perto de você.

VITIMISTA

Vou dar um exemplo muito real que aconteceu comigo em uma das empresas que eu tinha. Inclusive, vou escrever um novo livro falando sobre negócios. Um sócio meu, todas as vezes que eu chegava na empresa, sempre falava que sua vida era ruim, sempre com muitos problemas. No início de nossa sociedade, até eu conhecê-lo de fato, eu dedicava meu tempo, ajudava sempre, em todos os momentos, até que percebi que, quando eu ou alguém falava que estava com algum desafio, ele sempre, todas as vezes, dizia: "Ah, você não faz ideia do que estou passando".

Se alguém dissesse algo assim: "Hoje acordei com uma dor de cabeça", imediatamente a pessoa ouvia e dizia: "E eu então? Que além da dor de cabeça, não durmo nada já faz três dias". Infelizmente, essa pessoa sempre vai buscar por validação de sua vitimização. Algumas pessoas falam para mim: "Edu, você não conhece todas as pessoas"; claro que não. Por isso, destaco a importância de não alimentar o sentimento de vitimismo nas pessoas próximas a você. Em vez disso, sugiro que ore por elas e as encoraje a considerar a terapia como uma opção válida. A pessoa vitimista é aquela que sempre acha que tudo e todos estão contra ela. Perceba nos seus comportamentos, pois existem pessoas que ganham atenção fazendo isso e buscam insistentemente essa atenção por meio da alimentação desse papel de vítima.

O que fazer além de orar e indicar terapia? Se ela for realmente alguém próxima de você, após você orar e Deus te dar paz, pergunte para ela: **o que você acredita sobre as pessoas que estão sempre dizendo que sua vida é ruim quando elas têm condições financeiras e saúde?**

ARROGANTE

Eu havia acabado de chegar da academia suado quando minha mãe me liga e diz: "Du, vamos lá comprar o presente do seu pai?". Meu pai, desde jovem, foi motociclista e tinha um sonho de comprar uma BMW, daquelas motos de trilha. Então, prontamente digo:

"Mãe, eu não posso, pois vou dar aula à tarde. Tenho que comer, tomar banho e revisar a aula. Não vai dar tempo". Ela diz: "Vamos, é rápido". Minha mãe me deixa na frente da loja e vai estacionar. Eu desço de bermuda e chinelo de dedo e entro na concessionária.

Fui muito bem recepcionado pela atendente. Ela me pede para esperar um pouco e vai até um vendedor. Ele se levanta e me olha de longe, fala algo com ela. Ela volta e diz para aguardar. Então, ele chega até mim e pergunta de uma forma bem arrogante: "O que quer?". Eu falei: "Tudo bem? Eu procuro uma moto do modelo X". Ele simplesmente responde: "Você tem dinheiro para pagar?".

Na hora, quando escutei isso, eu pensei: é sério o que ele está falando? Nesse meio-tempo, chega minha mãe e se apresenta. O rosto daquele homem mudou completamente, e eu, com vontade de pular em seu pescoço, olho para minha mãe e digo: "Mãe, acho que não vamos levar, pois o moço perguntou se tenho dinheiro". Ele ficou chocado, porque talvez tivesse achado que eu não falaria. Minha mãe me olha sem entender, e eu digo: "Vamos embora". Confesso que hoje a minha postura teria sido diferente. Teria, com certeza, agido com mais maturidade e sabedoria, e feito perguntas a ele. Nós dois erramos: ele por me tratar de forma arrogante, e eu por ter dado a ele o poder de mudar minhas emoções.

NÃO CULPE O OUTRO POR TE DEIXAR DE SANGUE QUENTE, A RESPONSABILIDADE DE DAR ESSE ACESSO É SUA.

Aqui entra um ponto muito importante, não culpe o outro por te deixar de sangue quente, a responsabilidade de dar esse acesso é sua, eu dei o acesso ao homem naquele momento, mas, após algum tempo aprendendo e estudando, percebi e internalizei na minha alma esse aprendizado. Resumindo, fomos embora, voltamos outro dia e compramos com outro vendedor que foi superatencioso. Na revisão de 10 mil km, ele havia sido demitido, eu não sei o porquê, mas imagino.

Eu me recordo de outras situações. Em uma delas, eu estava trabalhando no atendimento ao público, auxiliando na seleção de bebidas, lavando louças e também operando o caixa da empresa. Eu me lembro de que uma pessoa não me respondia quando eu falava bom dia, boa tarde, ou perguntava como ela estava. Ela simplesmente me ignorava e sequer pedia por favor.

Dessa vez, lembrando do acontecido da moto, procurei ser maduro e respeitoso. O fato curioso é que, depois de algum tempo, essa pessoa descobriu que eu era um dos donos do complexo esportivo. Eu estava ajudando, pois era um grande evento, e uma pessoa que trabalhava para mim havia faltado. Quando ela soube, mudou radicalmente a postura comigo.

Outra vez, quando eu tinha um salão de beleza e minha mãe, chamada Tamares, era uma das sócias, ela me contou que foi desprezada por uma cliente enquanto lavava seu cabelo. Minutos depois, essa cliente foi falar mal dela para outra cabeleireira, dizendo: "Você precisa rever

A PESSOA ARROGANTE TENTA PREENCHER UM VAZIO DENTRO DE SI, COLOCANDO O OUTRO PARA BAIXO, PARA ASSIM, ENTÃO, SE SENTIR UM POUCO MELHOR.

essas suas auxiliares". A cabeleireira respondeu: "Ah, a Tamares é uma das sócias e hoje está aqui ajudando, pois estamos lotados". Adivinha? A mulher mudou completamente com ela.

É lamentável esse comportamento. A Bíblia chama isso de olhos altivos e afirma que Deus simplesmente odeia esses comportamentos (Provérbios 6:16-17). É triste, mas tenho muitas histórias de quando era faxineiro. Eu percebi, ao longo dos anos, depois de mais de 12 mil alunos e experiências da vida, que normalmente a pessoa arrogante tenta preencher um vazio dentro de si, colocando o outro para baixo, para assim, então, se sentir um pouco melhor, para criar em si uma falsa superioridade, o que é comprovado por estudos conduzidos na Universidade de Michigan.

Esses estudos mostraram como indivíduos arrogantes frequentemente tentam impor sua superioridade sobre os outros para reforçar sua autoimagem e status social. Isso sugere que a arrogância pode ser uma forma de compensação para inseguranças pessoais ou uma maneira de ganhar reconhecimento e validação em determinados contextos sociais. O grande problema é que essas atitudes não são autênticas e acabam, cedo ou tarde, ensinando com a vida. A arrogância se manifesta nos pequenos detalhes diários, desde a falta de um bom-dia até o tratamento com falta de respeito e dignidade para com alguém que está te servindo. No trabalho, não dividir o êxito com quem te ajudou a conquistar o resultado esperado e a meta batida é outro exemplo disso. Portanto, lembre-se do que Salomão diz: a soberba precede a ruína ou a queda (Provérbios 16:18).

GANANCIOSA

As pessoas confundem ganância com ambição e, normalmente, colocam essas palavras no mesmo "saco", dando-lhes pesos iguais.

Uma pessoa gananciosa é aquela que faz de tudo para alcançar o objetivo desejado, mesmo que isso signifique passar por cima de Deus e de todos, independentemente de machucar ou destruir a vida de alguém. A busca por poder, fama, dinheiro ou posição social é tão intensa que ela fica cega a ponto de não medir as consequências.

Salomão nos alerta que o ganancioso provoca brigas (Provérbios 28:25). Ou seja, uma pessoa gananciosa é propensa a causar disputas, conflitos e contendas devido à sua busca desenfreada por ganho pessoal. Essa ganância pode levá-la a entrar em conflito com outras pessoas, competindo de forma desleal, manipulando situações ou desconsiderando os interesses e necessidades alheias. A ganância se revela principalmente no aspecto financeiro. Lembro-me de uma vez que ouvi a seguinte frase: "Quer saber se alguém é ganancioso? Envolva dinheiro na discussão".

Anos se passaram, e tive a oportunidade de vivenciar isso em uma empresa minha. No início, quando estava na fase inicial do projeto, todos concordaram com as porcentagens societárias. Mas, antes mesmo de o negócio decolar, e em nosso primeiro lançamento da marca, um dos sócios me procurou e mudou completamente comigo. Suas palavras foram: "Eu não quero essa porcentagem, não faz sentido". Na hora, sem entender, perguntei: "O que te fez pensar nisso?". Ele respondeu: "Eu já estou colocando dinheiro, não faz sentido ganhar pouco". Eu então perguntei: "Quanto por cento do negócio você tem?". Ele respondeu que tinha 90%. Eu disse: "Essa porcentagem já está rateada entre mim e outro sócio. Entrei com indicações e *networking*, você só conseguiu iniciar o projeto porque eu indiquei, correto?". Ele concordou. Então perguntei: "Se ganharmos mais, eu vou querer mais, seria justo?". Ele respondeu: "Claro que não". Bem, ali eu entendi que seu coração era ganancioso e que estava cego. Resumindo para você, eu abri mão do negócio; meses depois, não evoluiu.

Esse pequeno exemplo simples revela o coração de alguém, não é sobre quantidade, valores ou posição, é sobre onde o coração da pessoa está. Eu continuo respeitando-o até hoje, mas nunca mais fiz e farei negócio com ele, uma porta do meu coração se fechou para ele, e, se eu não vir uma mudança, não abrirei novamente.

A grande diferença da pessoa que tem ganância para uma que tem ambição é que ela também tem seus objetivos, mas não passa por cima de seus valores, vive em princípios e, como vimos no capítulo anterior, além de pensar como Deus pensa, ela age dessa forma. No capítulo sobre dinheiro, vamos falar mais sobre a inclinação das pessoas ao "amor" ao dinheiro.

Um estudo realizado pela psicóloga Amber Gaffney, da Universidade Estadual

NÃO FALE PARA TODO MUNDO SOBRE SEUS SONHOS, RELACIONAMENTO, SEJA AMOROSO, FAMILIAR OU AMIZADES, NÃO FALE SOBRE SEU MOMENTO FINANCEIRO. NEM TODO MUNDO ESTÁ PRONTO PARA AJUDAR DE VERDADE. POR QUE VOCÊ VAI ENTREGAR A CHAVE DO SEU CORAÇÃO PARA TODO MUNDO?

Humboldt, nos EUA[10], afirma que: "Quanto mais a sua identidade for absorvida por um grupo, mesmo quando você não estiver por perto desse grupo, maior a probabilidade de você defender aqueles valores", ou seja, quando alguém se identifica fortemente com um grupo, como uma comunidade, equipe ou cultura, tende a internalizar os valores e normas desse grupo. Isso significa que, mesmo quando não está fisicamente presente com o grupo, a pessoa ainda se sente conectada a ele e **está propensa a defender esses valores em suas ações e palavras.**

Por exemplo, se alguém se identifica muito com sua família e compartilha dos valores e tradições familiares, é mais provável que eles ajam de acordo com esses valores, mesmo quando estão longe da família. Eles podem defender esses valores em situações cotidianas, mesmo quando não estão sendo observados pela família. Agora, imagine quando se trata de algo ruim?!

Por isso, antes de ansiar construir uma convivência com alguém ou contar sobre seus projetos a ele, ore, entregue a Papai, e depois tenha poucas, mas confiáveis, pessoas que possam ouvir o que você tem de confidencialidade e conviver com você. Não fale para todo mundo sobre seus sonhos, relacionamento, seja amoroso, familiar ou amizades, não fale sobre seu momento financeiro. Nem todo mundo está pronto para ajudar de verdade. Por que você vai entregar a chave do seu coração para todo mundo?

Existem pessoas que abrem tudo sobre sua vida particular; eu era assim, e sabe o que acontece? A pessoa usa isso depois contra você. Eu tive que aprender primeiro a não ser nenhum desses tipos de pessoas, é um treinamento e dedicação diária para ser alguém de verdade. Tiago, irmão de Jesus, diz: "Por acaso pode a mesma fonte jorrar água doce e água amarga?" (Tiago 3:11). Não tem como, da

---

10   Disponível em: https://www.bbc.com/portuguese/vert-fut-48701790 Acesso em 5 jun, 2024.

mesma boca, saírem dois tipos de água, ou seja, você não pode ser uma pessoa que fala mal de alguém em um ambiente e em outro fala bem, o mesmo se encaixa para fofoca, vitimização ou ganância.

Não tem como filtrarmos pessoas em nossa vida sem antes não pararmos para nos autoanalisarmos, esse é um ponto importantíssimo para sair e evitar novas prisões. Se você ainda se encaixa em algum desses comportamentos, não terá mais desculpas, assim como eu não tive quando acessei as informações deste livro, pois agora depende de você. Pergunte-se:

QUAIS DESSES COMPORTAMENTOS ACIMA EU TENHO? O QUE PRECISO FAZER PARA MUDAR?

Encaixou-se em algum deles? Dobre seus joelhos, ore e peça perdão ao Papai, e imediatamente comece a observar e a mudar primeiro seus comportamentos.

Somente após a resposta e a oração verdadeira, você terá a capacidade, a coragem e a sustentação emocional e espiritual para filtrar pessoas e conviver com as pessoas certas, pois elas te livram de prisões.

POR QUE ME CONECTAR ÀS PESSOAS CERTAS?

Primeiro de tudo, o que são "pessoas certas"? Muitos me perguntam: "Edu, eu não tenho dinheiro para me conectar, eu não moro em uma cidade grande, eu isso e aquilo". Eu concordo, mas existem formas de se conectar às pessoas. A primeira é entender que as pessoas certas não são necessariamente aquelas que têm dinheiro ou poder. Conheço pessoas financeiramente pobres e sem nenhuma influência que são mais corretas do que muitas outras. Então, como definir isso? Elas possuem três características: são tementes a Deus, são pessoas sábias e têm uma mentalidade flexível.

Meus avós eram financeiramente pobres, mas sempre disseram ao meu pai que, se ele trabalhasse com garra, poderia mudar sua vida. Por parte da mãe, sempre enfatizaram que Deus era tudo, que o casamento era sagrado e que, sempre que fosse fazer algo, deveria ser feito tão bem a ponto de ninguém ter visto algo daquele jeito antes, dando o melhor possível nas condições que tivesse. Isso é Temor, Sabedoria e Mentalidade Flexível. Não é à toa que eles estão casados, vivendo pela Palavra de Deus, há mais de 35 anos e são os únicos milionários entre seus irmãos.

Por outro lado, tenho amigos que temem a Deus, são multimilionários e extremamente sábios. Ambos os grupos, sendo financeiramente pobres ou não, tendo poder ou não, devem obrigatoriamente apresentar os três pontos acima. Foram essas pessoas que me ajudaram em minhas prisões, mas principalmente são as que hoje me ajudam a não entrar em novas.

Carol Dweck é uma psicóloga e pesquisadora americana. Ela é professora de psicologia na Universidade Stanford e é conhecida por suas significativas contribuições no campo da psicologia social e do desenvolvimento humano, reconhecida pelo seu trabalho sobre mentalidade, especialmente sua distinção entre mentalidade fixa e mentalidade flexível.

Na mentalidade fixa, as pessoas acreditam que suas habilidades são imutáveis e não podem ser alteradas. Elas veem o fracasso como prova de que não são competentes o suficiente e têm receio de tentar coisas novas. Acreditam que não vale a pena se esforçar, pois não conseguirão melhorar de qualquer maneira. Além disso, não apreciam críticas, pois interpretam como uma indicação de sua incompetência genuína.

Já na mentalidade flexível, as pessoas sabem que podem melhorar com o tempo e o esforço. Encaram o fracasso como uma oportunidade de aprendizado e crescimento. Elas apreciam desafios e entendem que é normal cometer erros no caminho para o sucesso. Consideram importante se esforçar para melhorar constantemente e veem as críticas como algo que pode contribuir para o crescimento pessoal.

Portanto a diferença entre essas mentalidades pode alterar significativamente a forma como vivemos nossas vidas e, principalmente, pode nos fazer perceber que existem pessoas em diferentes níveis. O importante é se conectar com o tipo certo de mentalidade. Os três níveis são:

- Aqueles que querem aprender e estão um nível abaixo que o seu; você vai ajudá-los.
- Aqueles que estão no mesmo nível que você; você vai trocar experiências com eles.
- Aqueles que são maiores que você; você vai modelar e absorver partes para sua realidade!

Simples! Podemos aprender com todos, basta termos clareza do que torna a pessoa certa.

É tão importante ter as pessoas certas ao seu lado, porque será nos dias difíceis que elas te ajudarão ainda mais, pessoas a quem você pode mostrar suas dores e, como eu disse anteriormente, seus planos e sonhos. No

SERVIR É FACILITAR A VIDA DE ALGUÉM, É DEIXÁ-LA MAIS LEVE.

capítulo 2, quando falamos sobre Frequência, mencionei que nosso ambiente influencia na construção de nossos hábitos alimentares.

Você pode aprender por meio de conexões positivas em ambientes, cursos e até mesmo livros, são caminhos muito poderosos. Com as pessoas certas, você pode aprender a fazer algo que jamais pensou que faria. Quer ver?

Sinceramente, de todo o meu coração, jamais pensei que seria escritor, e muito menos ajudaria pessoas, mas foi por meio de uma pessoa certa que comecei a ler. Minha mãe me deu um livro quando eu tinha 19 anos. Esse foi o primeiro livro que li por completo e, por meio desse gesto dela, foram plantadas duas sementes em minha vida: a da leitura e a da reflexão desde cedo. Entendi que não estou aqui por acaso e que tenho uma missão neste mundo, que é ajudar e treinar pessoas.

Por meio das experiências com as pessoas certas, aprendemos como fazer algo, livrando-nos de coisas que nos atrasariam ou até mesmo nos colocariam em novas prisões. Vou te ensinar agora como se conectar verdadeiramente com as pessoas certas, pois isso acelerou muito os resultados que tive. Vou usar como referência dois momentos da minha vida que podem refletir na sua: o primeiro momento é quando eu estava financeiramente quebrado, e o segundo com condições financeiras.

COMO ACESSAR AMBIENTES SEM DINHEIRO?

Para quem está em uma condição desafiadora, existem formas de se conectar com quem pode te ajudar. Eu já consegui fazer amizades com pessoas relevantes somente seguindo um comportamento sábio chamado SERVIR.

Tenho muitas histórias nas quais consegui me conectar com pessoas que tinham muito mais dinheiro do que eu e, com certeza, quando eu tinha, não faria diferença. A conexão que mais me marcou foi quando eu era estagiário e consegui tomar café com o presidente de um dos maiores bancos do Brasil. Ainda neste capítulo, comentei com você sobre se preocupar verdadeiramente com as pessoas. Essa habilidade genuína tem a capacidade de te levar a lugares inimagináveis. Pois bem, ela me levou.

Todo mês o banco abria uma oportunidade por meio de sorteio a todos os que trabalhavam na instituição para tomar café com o presidente. No entanto, apenas no meu andar, havia mais de 300 pessoas. Passaram-se dois, três, quatro meses e nada de eu conseguir; grave isso. Até que, em um belo dia, uma segunda-feira de muito calor, chego para trabalhar e vejo meu chefe desesperado e um tanto raivoso. Ele bufava e dizia: "E agora? Como vamos fazer? Que vergonha! Era o mínimo a termos por lá!", e todo mundo estava calado. Eu perguntei o que havia acontecido, e ele disse: "O homem que iria se vestir de abelhinha simplesmente disse que não vai vir, porque está muito calor, eu já havia pagado". Eles continuaram falando que era uma vergonha, que no evento estariam todos os executivos de um banco europeu, e que deveríamos ter nosso mascote lá, que haveria uma foto e a imprensa queria saber sobre nosso projeto social.

Eu disse: "Eu vou". Todos pararam e me olharam chocados, então eu falei: "Gente, tranquilo, eu vou, afinal, sou estagiário, né?". Eu ri, aquela brincadeira de que estagiário faz tudo, eu estava levando a sério. Então, meu chefe me olha e diz: "Edu, você não é pago pra isso", e eu respondo: "Não sou, mas precisa ser feito, não? Eu posso fazer". Meu chefe mudou completamente, me deu um abraço, ali eu entendi o que era servir. Servir é facilitar a vida de alguém, é deixá-la mais leve.

O evento começou e acredito que dentro da fantasia estava uns 40 graus. Tirei algumas fotos, recepcionei as pessoas e, quando menos esperava, chegou o presidente do banco. Coisas começaram a ser postas em uma mesa para um belo café da manhã de recepção; eu fiquei colado no presidente. Nos primeiros minutos de conversa, eles falaram sobre investimentos, como aplicar o dinheiro, alguns milhões, falavam de grandes projetos sociais, inclusive o nosso, falavam de uma fusão entre os bancos e de como isso tudo afetaria o mercado brasileiro, gerando subsídio para negócios e principalmente para o agronegócio.

Em um dos momentos, estavam falando sobre carros, e eu percebi que grande parte daquele pessoal tinha carros melhores que o meu. O presidente, na época, já tinha um carro de uns 500 mil, e se formos trazer para a realidade de hoje, com inflação mais de uma década após, esse carro valia, por baixo, mais de 1 milhão. Eu vim de família pobre, na época havia acabado de parar de andar de ônibus, e pensava como uma pessoa poderia ter um carro que valesse cem vezes mais do que o dos meus pais? O que ela pensa? Sobre o que ela fala? Com quem anda? Sabe aquela brincadeira: de onde vem? Como se alimenta? Era quase isso.

Minha mente explodiu, era impossível voltar a pensar como antes, eu havia criado experiências, conexões neurais; estava me adaptando àquela realidade, eu queria mais. A neurociência explica isso como plasticidade cerebral, que é a capacidade do cérebro de se adaptar e mudar em resposta ao que você faz e vivencia. Isso significa que o cérebro pode criar conexões entre as células nervosas, fortalecer conexões existentes, e até mesmo gerar novas células nervosas ao longo da vida. Então, quando você aprende algo novo, ou muda sua maneira de pensar, o cérebro também muda

PERGUNTE-SE AGORA, O AMBIENTE EM QUE ESTOU REVELA QUE TIPO DE PERGUNTAS SOBRE O QUE QUERO PARA MEU FUTURO?!

fisicamente, com novas conexões sendo formadas ou as existentes sendo reorganizadas. É como se o cérebro se redesenhasse para se ajustar às novas experiências e conhecimentos.

Nunca mais fui o mesmo... Comecei a me questionar: como faço para ter um carro assim? Como faço para ganhar mensalmente o que eles ganham? Como faço para criar o meu próprio projeto social e ajudar famílias? Eu acessei a frequência. Pergunte-se agora, o ambiente em que estou revela que tipo de perguntas sobre o que quero para meu futuro?! Isso é muito poderoso.

O evento estava terminando. Quando fui ao banheiro para trocar de roupa, um dos superintendentes entrou. Ele me perguntou: "Edu? Como assim você estava de abelhinha?". Esse homem virou meu amigo. Ele me contava tudo sobre sua vida e pedia conselhos. Expliquei o que aconteceu, e ele disse: "Quer saber? Vem tomar um café comigo e com quem ficou. É meu convidado". Resumindo, o presidente estava lá, e tive uma mentoria gratuita de alguns minutos, só eu e ele.

Servir é, sem dúvida, uma das melhores formas para que portas de oportunidades sejam abertas para você e para preencher um vazio emocional. Existe uma prisão chamada vazio emocional; lá no capítulo 2, eu a expliquei. Na linguagem de hoje, a prisão emocional representa falta de propósito; a pessoa sente-se perdida. A principal chave para libertar-se dessa prisão chama-se Servir. Por mais que você não saiba ou não tenha ideia do seu propósito, sempre sirva a alguém que já tem propósito definido e que, de alguma forma, está mudando a vida das pessoas.

Lembre-se sempre de que, quando você serve, significa que você não está fazendo um acordo ou até mesmo negócios; se for com essa intenção, então você está esperando algo em troca, seja genuíno. Outra coisa que aprendi é sobre servir em igrejas; se você ainda tem algum ponto de religiosidade, tire da sua cabeça.

A Igreja é o único local em que o pobre, o rico, o preto, o branco, o magro e o gordo convivem sem distinção. Eu, na minha fase de quebrado, acabei me conectando com pessoas que eram empresárias. Foi nesse momento que conheci Daniel, um pastor local que, hoje, é meu amigo. Foi por meio dele que recebi minha primeira introdução à Sabedoria Milenar e ao entendimento de Jesus. Sou muito grato a ele.

Eu também conheci muitas pessoas influentes como voluntário no hospital oncológico. Isso foi antes de eu ter tido câncer. Nesse local, fiz amizades com pessoas que depois abriram portas para mim dentro de suas empresas e atuei como mentor. Servir é resolver um problema de alguém que está perdido.

QUAIS PROBLEMAS POSSO RESOLVER HOJE PARA ALGUÉM, SEM ESPERAR NADA EM TROCA?

Outra forma de se conectar é participar de encontros físicos e on-line gratuitos, encontrando pessoas com a mesma vontade de viver algo melhor em suas vidas. Às vezes, faço aulas ao vivo em meu Instagram e já vi pessoas conversando e trocando contatos. Isso também serve para você ir a locais propícios a pessoas que buscam o mesmo que você.

Você gosta de ler? Vá a livrarias. Algumas têm espaço para leitura. A probabilidade de fazer amizades, e até mesmo de um relacionamento íntimo surgir, é gigante. Por isso, a frequência está ligada ao ambiente. Não adianta buscar algo em locais que não condizem com o que você quer para sua vida. Falaremos mais para a frente sobre como alinhar expectativas.

COMO ACESSAR AMBIENTES COM DINHEIRO?

Para aqueles que possuem o mínimo de condições financeiras, além de comprar livros, é importante que participem de eventos pagos, sejam palestras e/ou seminários. Isso é ainda mais poderoso, porque as pessoas que pagam estão ali em busca dos mesmos objetivos. No meio-termo, temos as mentorias em grupo, onde o mentor compartilha seu conhecimento, experiência e conselhos com todos os membros do grupo, que podem ter interesses ou objetivos semelhantes. Os participantes também têm a oportunidade de aprender uns com os outros, trocando experiências e perspectivas.

Existem pessoas que financeiramente possuem mais de 40 mil e investem em *masterminds*, que são grupos de pessoas com objetivos similares que se reúnem regularmente para compartilhar ideias, colaborar e oferecer apoio mútuo, visando ao crescimento pessoal e profissional. Foi em um desses grupos, do qual participei como aluno, que uma ideia trouxe um faturamento recorrente expressivo para os meus negócios. Eu, como seu professor e mentor, espero um dia te encontrar em meus eventos e até mesmo em minha mentoria. Será uma bênção.

LEMBRE-SE, TALENTO E DINHEIRO ABREM PORTAS, MAS O QUE TE MANTERÁ NESTE LOCAL SEMPRE SERÁ SEU COMPORTAMENTO.

Lembre-se, talento e dinheiro abrem portas, mas o que te manterá neste local sempre será seu comportamento. Guarde isso no fundo da sua alma, e jamais você será considerado um tolo, sendo expulso do local.

Agora que você teve acesso ao tipo de pessoas que deve evitar e de como se conectar às pessoas certas, e do poder por trás de SERVIR, vamos falar de relacionamento íntimo, seja namoro ou casamento.

DOIS SÃO UM

Eu toquei no assunto superficialmente com você até então, mas você já sabe que eu estava casado havia três meses, fiquei endividado e quebrado, que a família pagava meu aluguel e comíamos de favor. Isso levou muitas vezes meu relacionamento à beira do precipício; quase nos separamos algumas vezes, e hoje vivemos um casamento abençoado. De uma forma real e prática, eu vou te ajudar em um destes três momentos:

Primeiro, se você está passando por uma prisão no seu relacionamento íntimo, desconexão dos dois, falta de intimidade ou perda de interesse. Vou chamar de íntimo para não caracterizar somente casamento, mas falo de todo relacionamento a dois.

Segundo, se você deseja continuar de forma sólida seu relacionamento e viver o melhor dessa união. É para quem quer vivenciar ainda mais intimidade entre os dois e sente que pode dar uma alavancada no relacionamento.

Terceiro, se você, que não é casado ou namora, mas tem o desejo de ter uma pessoa ao seu lado e constituir uma família.

Independentemente de qual seja sua situação hoje, vou ajudá-lo, pois passei por esses três momentos.

A verdade é que os relacionamentos íntimos são uma montanha-russa emocional. Eles podem trazer alegria, felicidade e amor, mas também tristeza, desgosto e dor. Com eles, enfrentamos nossos medos mais profundos de não sermos amados ou suficientes. No entanto é essa intensidade emocional que torna os relacionamentos tão significativos. Eles nos desafiam a crescer e a nos tornarmos melhores versões de nós mesmos.

Quando se trata de relacionamentos íntimos, a proximidade expõe tanto o lado bom quanto o lado ruim de cada parceiro. Manter um relacionamento positivo exige dedicação e trabalho duro. Não é surpresa que muitos casamentos acabem em divórcio. Lamentavelmente, o número de divórcios cresce exponencialmente. O Instituto Brasileiro de Geografia e Estatística afirma que de 2020 para 2021 houve um aumento de 16,8% nos divórcios, e pós-pandemia o número só cresceu. O tempo médio da união também vem caindo, de 17,5 anos para 13,8 anos. Entenda que estou usando o termo casamento para simplificar, mas, como falei no início do tópico, vamos falar de relacionamento para todo aquele que tem intimidade.

Estou casado há quatro anos. Eu sei que não é muito, mas as experiências negativas que tivemos bem no início, com três meses de casados e apenas dois meses de namoro, especialmente quando enfrentamos dificuldades financeiras, fizeram com que eu descobrisse que, além do amor e do respeito, as habilidades práticas diárias são essenciais para manter um relacionamento saudável. É importante ir além do básico e entender como lidar com os desafios do dia a dia juntos.

Quando pergunto em meus eventos, ou nas redes sociais, para as pessoas sobre o que é vital para um relacionamento com realizações, muitas mencionam amor e parceria, mas quero destacar aspectos mais práticos. O verdadeiro teste está em como lidamos com o desconhecido que os dias maus trazem e como nos adaptamos às mudanças da vida cotidiana. É nessas situações que podemos realmente crescer como casal se nos blindarmos contra o mau dia.

Existe algo muito poderoso que a Sabedoria Milenar nos fala é que, quando o homem sai de sua casa e deixa seu pai e sua mãe, e se une com sua mulher, ambos se tornam uma só pessoa (Gênesis 2:24), ou seja, agora não é mais cada um por si, e sim os dois por si. Percebo que muitos relacionamentos começam sem um entendimento sobre isso, o que leva sempre a ter disputa entre o casal, afastamento e, claro, desalinhamento sobre o que ambos querem.

ENGANA-SE QUEM COMEÇA UM RELACIONAMENTO PARA SE SENTIR PREENCHIDO; A VERDADE É, QUE RELACIONAMENTO É PARA ENTREGAR O SEU MELHOR PARA O OUTRO.

O alinhamento sobre o que o casal quer deve ser suprido na relação entre os dois de forma consciente e detalhista, e não numa busca individual ou sem objetivo detalhado, isso gera frustração. Agora vocês são um só, é como uma sociedade ou uma aliança. Seja qual for, qualquer nova decisão, o sócio deve saber e ser comunicado da forma mais transparente possível, o planejamento estratégico é feito em conjunto e ambos, com diferentes habilidades, somam na busca dessas realizações, e, ao longo dos meses, revisam e ajustam as metas, se necessário.

O que acontece é que, quando as expectativas não são alinhadas, geram frustrações, a diferença entre o que eu espero e o que é atendido se dá pelo nível de expectativa suprido, o *gap* (lacuna) entre eles é o tamanho da frustração, conforme desenho abaixo.

Expectativas não alinhadas

GAP: Tamanho da frustração

Expectativas supridas

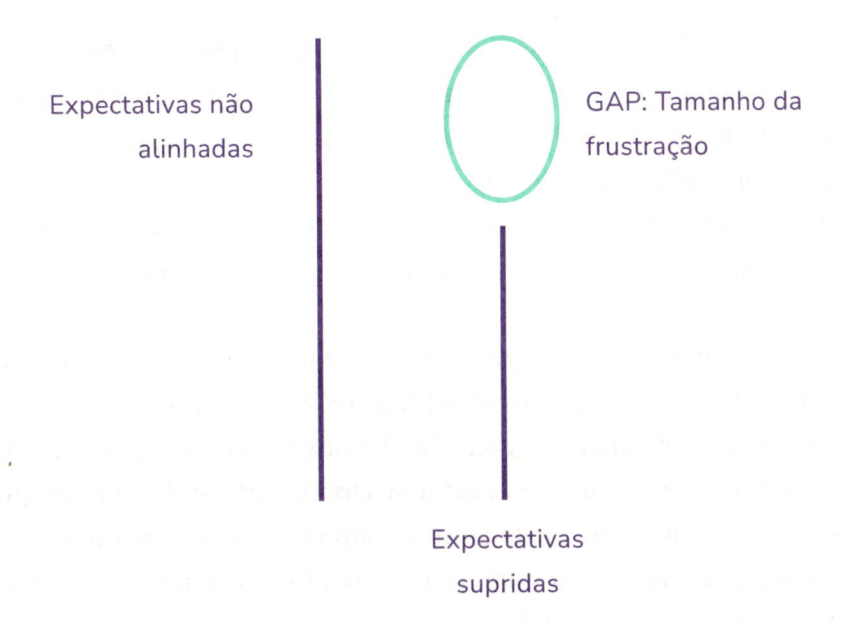

E essas frustrações se encaixam na área espiritual, emocional e financeira. Dependendo do tamanho e do momento de vida em que ocorre, pode levar à separação. Casos como o que acontece abaixo são, infelizmente, mais comuns do que você e eu imaginamos; a pessoa acabou se separando e depois voltou para seu casamento: isso ocorreu pela falta de alinhamento financeiro detalhado. Veja o caso:

Quando se casaram, decidiram não fazer festa de casamento, pois queriam juntar 100 mil reais, como ambos haviam concordado. Após um ano e pouco, chegaram ao valor estipulado. O marido chega até a esposa e diz: "Amor, já que chegamos naquele valor, dei entrada em um carro". A esposa responde: "O quê? Você está maluco? Esse valor não é para isso, é para fazermos a nossa tão sonhada viagem para a Europa".

Enfim, houve uma grande discussão, e ambos acabaram falando coisas que levaram à separação. Sabe o que foi isso? Falta de alinhamento, não basta falar, tem que colocar os detalhes. Tudo isso poderia ter sido evitado se houvesse um princípio de negociação entre eles: 50 mil para o carro e 50 mil para a viagem. Entre si, conversariam e cederiam; esse é o desafio de relacionar-se a dois, negociar abertamente, abrir mão parcial ou totalmente de algo quando necessário.

O problema é que os relacionamentos se baseiam em "o que eu quero e não abro mão" e "o outro que supre", e não sobre "o que eu tenho que fazer para suprir"!

Uma pergunta que ajudou o marido foi: quais são seus 50% de responsabilidade nessa separação? Ele abriu o coração, tirou o orgulho de lado, e foi conversar com ela. Ambos voltaram, e cada um cedeu um pouco para que as expectativas fossem atendidas. Eu sempre faço essa pergunta aos meus alunos e alunas, pois foi essa pergunta que trouxe luz em meio à quebra e quando quase nos separamos. Com ela, eu e minha esposa alinhamos as expectativas e geramos uma responsabilidade, pois agora somos dois em um, e 50% de responsabilidade é de cada um de nós.

Engana-se quem começa um relacionamento para se sentir preenchido; a verdade é que relacionamento é para entregar o seu melhor para o outro. Você deve entregar 100% dos seus 50%, e não entregar apenas parcialmente, mas o seu melhor. Essa é a grande chave da felicidade a dois, e foi isso que sustentou inicialmente meu casamento no meio da prisão financeira e emocional.

Outro ponto de extrema importância é vigiar e tomar ações em meio aos desafios dos relacionamentos íntimos decorrentes de prisões emocionais, espirituais e financeiras. É essencial estar atento à possível falta de intimidade, quando ambos os

O QUE EU POSSO FAZER, QUE DEPENDE DE MIM, PARA QUE NOSSO RELACIONAMENTO DÊ CERTO?

parceiros começam a se sentir como estranhos dentro de sua própria casa, deixam de se comunicar e o relacionamento parece esfriar. Existe uma forma de resolver isso.

Ore, peça sabedoria a Deus, e chame a pessoa para conversar, procure um local tranquilo e não tenha essa conversa quando as emoções estiverem afloradas. Num tempo de paz momentânea, façam esse alinhamento de intimidade.

Faça essas perguntas, escute com atenção, pense com carinho e responda com amor e sabedoria.

- Você se sente amado?
- O que eu posso fazer, que depende de mim, para que nosso relacionamento dê certo?

Lembre-se, tire o ego dessa conversa; não é sobre você querer estar certo, é sobre VOCÊ QUERER RESOLVER. Sejam adultos maduros. Homens, principalmente vocês, que naturalmente são mais coração de gelo e menos sensíveis, a sua parceira precisa inicialmente de três coisas:

- Atenção: ela precisa sentir-se vista, dê atenção a ela o tempo todo.
- Segurança: ela precisa sentir confiança em você, dê tranquilidade a ela, mostre que você está batalhando pelo casamento e que quer sair desse momento.
- Presença: a mulher precisa sentir-se compreendida, esteja realmente presente com ela, não mexa no celular ou faça outras coisas quando ela estiver falando, escute ativamente e de forma sincera!

Para as mulheres, eu vou falar de uma única coisa que faz o homem fazer qualquer coisa para seu relacionamento e família, que é ser admirado!

Por mais que o momento seja desafiador, eu me lembro de algo que minha mulher me falou que mudou minha mente, e foi algo que sustentou de vez nosso casamento e intimidade. Ela disse: "Eu vejo quanto você está se esforçando para sairmos dessa situação, eu só quero te falar que estou orgulhosa e que, se precisar, eu moro contigo até debaixo de uma ponte!". Quando ela me falou isso, foi como se tivesse entrado em um foguete, porque, por mais que nossa situação fosse lamentável, ela disse que via o que eu fazia e que estava comigo!

Eu sei, talvez você diga: "Edu, você não conhece meu marido" ou "Você não conhece minha esposa", eu simplesmente respondo: "Façam tudo que falei acima, orem juntos; quando começaram seus relacionamentos, o que vocês faziam? Tomavam sorvete juntos? Iam ao parque? Cinema? Declare palavras poderosas sobre ele/ela. Como vocês se chamavam? Amor? Minha gata ou meu gato? Meu anjo?". São tantos e diferentes que vou

DO QUE ADIANTA SABERMOS DO EXTERNO E NÃO CUIDARMOS DO QUE REALMENTE IMPORTA, DA ALMA E DO ESPÍRITO?

me deter a estes somente (risos). Façam então o que faziam no início, e a chama do amor não se apagará. Durante três meses entreguem o seu melhor, não há relacionamento íntimo que não mude para melhor aplicando o que você aprendeu agora!

Existe algo que complementa o que te ensinei que eu chamo de **alinhamento de expectativas no ambiente certo e fazer seu(sua) parceiro(a) acessar a mesma frequência:**

No ano em que eu estava endividado e quebrado, tivemos que recomeçar. Eu e minha esposa começamos a trabalhar como sacoleiros, vendendo roupas. Meus pais emprestaram 5 mil reais para recomeçarmos e comprarmos roupas. Nós as vendíamos em alguns locais. Foi muito desafiador, e não pelo trabalho, que era digno, mas por lembrar que, antes de quebrar, por final de semana fazia em um dia o que levava 60 dias até então. O desgaste financeiro no relacionamento era algo que estava abalando nosso dia a dia, e o maior gatilho dentro das separações é justamente a prisão financeira, os problemas gerados pela falta de recursos, como já comentei.

Eu lembro que estávamos mal. Além de ter a ajuda financeira para morar e comer, grande parte do que entrava, eu tinha que pagar a quem devia e honrar minha palavra. Ambos estávamos ficando sem energia. Nossa intimidade foi diminuindo como casal, o piloto automático entre nós foi acionado. Começamos a perder o sentido do real porquê de estarmos fazendo aquilo. Claro que primeiro era sobreviver novamente, mas nos esquecemos momentaneamente do que sempre sonhamos juntos lá no início do casamento. Tínhamos a visão clara de onde queríamos chegar e o que deveríamos fazer para conquistar, mas o combustível diário estava se acabando.

Sempre sonhamos ter uma vida fora do comum, com liberdade financeira e geográfica, o que para nós faz sentido. Preste atenção, para nós, como casal, faz sentido! Existem casais que não querem ou não se importam com essas duas coisas, e está tudo certo. O importante é o alinhamento de vocês. Dentro dessa realidade que nós buscamos, existia a barreira do agora, que era fazer minha esposa voltar a sentir o real porquê de estarmos batalhando novamente, eu sabia que precisava fazer algo, tive que acessar o que havíamos planejado juntos no início do casamento: qual era o nosso carro dos sonhos?

Foi então que, em um dia qualquer, eu e minha esposa deixamos minha sogra na rodoviária, e na volta tive a ideia de levar minha esposa a um lugar. Falei: "Amor, vou te levar em um lugar que você vai amar", ela respondeu: "É um café? Tem coisa para comer?", eu ri, e disse que era um lugar que nunca havia passado pela cabeça dela. Passados alguns minutos, eu entro e estaciono em uma concessionária da Porsche.

Talvez você conheça essa marca de carros; se não conhece, ela é uma marca de alto padrão, o valor de seus carros de entrada giram em torno de 400 mil até mais de 1 milhão de reais. Quando estacionamos, ela me olha e diz: "O que você está fazendo?", eu respondi a ela: "Hoje você vai ativar a frequência certa e lembrar do porquê de estarmos trabalhando tanto para vivermos o que sonhamos".

Resumindo para você, fizemos um *test drive*, perguntamos valores de carros e, em nenhum momento, deixei que ela se rebaixasse, por mais que estivéssemos totalmente duros! Ao entrar no carro de volta para casa, ela disse: "Eu quero um Porsche!". Bingo! Consegui o que queria, ela havia acessado a frequência daquele lugar, e agora eu tinha conseguido o que queria: fortalecer novamente seus sonhos, dar um nome ao "seu porquê" e, com isso, tomar posse novamente da VISÃO CLARA DE FUTURO que alinhamos antes da quebra!

A grande e principal questão aqui é abrir sua mente e a da pessoa com quem você divide sua vida, a fim de aumentar a intimidade. Não julgue a forma que escolhi para acessar a frequência, talvez a sua seja outra, quer ver?

O PODER DA FREQUÊNCIA NO RELACIONAMENTO

Existe um segredo de alinhamento, que é o casal sonhar juntos, e acessar essa frequência juntos! Não precisa ir a uma concessionária, você pode passear de ônibus pelos melhores bairros da cidade, foi o que meu pai e minha mãe faziam na época deles, quando não tinham condições financeiras; ou, quem sabe, pode juntar dinheiro e uma vez no mês, ou ano, ir ao restaurante dos seus sonhos, ou até mesmo pedir aquela comida por *delivery*! Eu não sei o que vocês querem e quanto de condições financeiras dispõem, mas entendi que o alinhamento deve ser clarificado entre ambos, iniciando por vivenciar juntos os seus sonhos na mesma frequência.

O detalhe da frequência não somente influencia, claro, na vida financeira, mas na emocional e na espiritual. Do que adianta sabermos do externo e não cuidarmos do que realmente importa, da alma e do espírito? Por isso, tenham uma rotina entre vocês de estudar, orar e ler. Casais enriquecem e prosperam juntos dessa forma e a falta de alinhamento gera crescimento de um e o afastamento de outro. É um processo natural dentro de um relacionamento em que somente um busca evoluir e causa afastamento, pois o casal começa a pensar e agir de formas diferentes.

Recentemente, percebi que estou lendo menos e pedi à minha esposa que, quando eu quisesse ver um filme ou futebol, ela deveria perguntar: "Você já fez o que deveria fazer?!". Isso é cumplicidade, assim como ela me conta diariamente sobre o que estudou, os casais devem fortalecer suas raízes em conjunto.

Por isso, diariamente alinhem também sua rotina de oração juntos. Toda manhã, oramos, e, à noite, cada um tem seu tempo de oração. Nós fazemos as mesmas coisas e, às vezes,

PARA QUEM NÃO SABE O QUE QUER, QUALQUER CAMINHO SERVE, MAS, QUANDO CHEGAR AO FINAL DO CAMINHO, PODE NÃO GOSTAR DA VISTA.

pode ser separados, sem problemas, seria como querer estudar sobre um assunto, mas não necessariamente ambos comprarem o mesmo livro; o que importa é que existe uma direção entre os dois. Pergunte a si mesmo, questione-se sobre o fato de estar em um relacionamento:

QUANDO FOI A ÚLTIMA VEZ QUE SENTAMOS JUNTOS E ALINHAMOS O QUE QUEREMOS PARA NOSSA VIDA E NOSSO FUTURO?

Você, que está solteiro(a), já saiba o que quer para quando iniciar uma aproximação para um futuro relacionamento, saiba antever e fazer as perguntas com direção ao futuro. Em ambas as fases, para quem não sabe o que quer, qualquer caminho serve, mas, quando chegar ao final do caminho, pode não gostar da vista.

Um exemplo clássico é o da pessoa que inicia um relacionamento por pura paixão, namora ou se casa e, depois de um ano, ela descobre que ele não quer ter filhos. Essa falta de saber o que quer é tão comum que você não imagina, fora os outros pontos que jamais são alinhados. Lembra-se da mentora do capítulo 4 que era atleta?! É mais um caso em que o alinhamento, quando não é feito na fase inicial, vai gerar ruptura. É atleta e se relaciona com quem não tem nem sequer em sua rotina um simples exercício? E que gosta de sair todo final de semana? Sim, se a rotina e o que cada um espera do relacionamento com visões de futuros não foram alinhados inicialmente, pode ter a certeza de que está fadado ao fracasso. Não é sobre pessoas serem diferentes, eu e minha mulher somos, mas expor as diferenças do que querem e pensam é fundamental para dar base sólida quando os desafios baterem à porta dos dois.

ENVOLVA A PESSOA QUE VOCÊ AMA EM SEUS PROJETOS

A cobrança é nítida e profunda quando não são alinhadas as expectativas; sempre que tenho um trabalho grande a fazer, exemplo deste livro, chamo minha esposa para conversar e falo: "Amor, eu vou focar mais neste projeto, haverá dias que vou ficar escrevendo, mas esse livro vai abrir aquela porta X que queremos e vai nos levar ao lugar tal, você está de acordo?!".

Sabe o que acontece quando você envolve a pessoa que você ama em seus projetos? Ela se sente pertencente, e não deslocada, isso evita brigas generalizadas no relacionamento, seu parceiro ou parceira te apoia, pois sabe o porquê e no que você está trabalhando, e a cobrança, quando existir, não será deste jeito:

"Por que você está sempre nessa porcaria de celular e computador? Nunca tem tempo pra nós". Em vez disso, minha esposa fala: "Você está trabalhando no projeto ainda? Falta muito? Gostaria de ver um filme hoje?".

Não abrir a boca e não falar o porquê muitas vezes traz consequências que podem destruir um relacionamento, inclusive com filhos. Uma história real de um mentorado é esta:

Pelo menos três vezes ao ano seu filho ia para a Disney, tinha três dos melhores videogames da época, motorista particular, melhor colégio e brinquedos. Em um sábado pela manhã, seu pai tem que viajar a negócios, e diz: "Filho, o papai vai viajar e volta amanhã". O filho pede então para ficar na casa de um amiguinho em vez de ficar com a mãe, e ambos concordam. Então, antes de ir até seu jato particular, ele e o motorista deixam o menino na casa do amigo, afinal era caminho para o aeroporto. Chegando à casa do amiguinho do filho, o pai desce do carro, toca a campainha, e a mãe do menino atende a porta. Ao fundo, dava para ver a mesa ainda posta do café, o pai do menino e o menino de pijamas, jogando videogame. Meu mentorado me contou que naquele momento pensou duas coisas:

"Caramba, 10 horas da manhã e ainda a mesa do café posta? E esse homem de pijama!! Não deve fazer nada da vida, por isso tenho o que tenho!".

Foi uma questão de segundos, seu filho, na época com cerca de 8 anos, o puxou pela manga do paletó, olhou no fundo de seus olhos e disse: "Papai, quando vamos poder ter um momento assim? É o que eu mais sonho na minha vida, eu abro mão de tudo que o senhor me dá!".

Bem, o homem desmoronou ali, contou-me que seu coração duro e inflexível naquele momento parecia ter sido apunhalado! Seus olhos encheram de lágrimas e, ele entendeu o real valor da família, pegou o filho, voltou para casa e cancelou a viagem.

Ele me contou que não ter ido viajar não o fez perder o negócio, mas, se tivesse ido, talvez tivesse perdido para sempre seu filho.

Por isso, alinhe expectativas com seus filhos também e faça com que eles entendam o porquê de vocês fazerem o que fazem, mas JAMAIS use seu trabalho como bengala para falta de intimidade com seu cônjuge, filhos ou aqueles que convivem diariamente com você na sua casa.

Duas perguntas recorrentes que alguns alunos me fazem nos meus eventos ou nas mentorias referem-se a este capítulo inteiro e são:

1. Edu, é difícil! Meu marido, ou minha mulher, não quer alinhar as expectativas, além disso, é uma pessoa que não está aberta para mudança. O que eu faço?
RESPOSTA:
A mudança sempre começa em você! Seu parceiro ou parceira não sentirá vontade de iniciar uma leitura se você não der o exemplo lendo todos os dias! Além disso, ore por ele, faça o seu melhor sem esperar o melhor da outra pessoa, entregue-se

verdadeiramente, estabeleçam rotinas juntos, cuidem do corpo, da alma e do espírito e, principalmente, participem de ambientes poderosos, como a igreja e/ou eventos. Se seu cônjuge se recusar a ir, comece indo você. Você pode ter certeza de que sua mudança e seus resultados serão uma semente na vida do seu cônjuge. Lembre-se de que, assim como uma semente precisa de tempo e dedicação para brotar e se tornar uma árvore, o mesmo acontece com o crescimento pessoal.

2. Minha mãe, ou meu pai, é assim, vitimista, e às vezes fofoqueira(o), o que fazer?
RESPOSTA:
Ore por eles, construa sua família, honre-os. Como? Não fale mal deles, demonstre carinho. Eu sei que é desafiador, mas eles te deram a vida, o maior presente que existe. Entenda que eles fizeram o melhor que podiam dadas as condições psicológicas, emocionais e espirituais em que estavam. Siga sua vida amando-os o máximo que puder agora. Seus pais são adultos e precisam viver suas vidas; não é sua responsabilidade querer salvá-los. Isso também se aplica ao casamento deles; eram adultos e disseram sim um para o outro. Assim como na resposta anterior, digo para você: sua mudança e seus resultados serão sementes na vida de seus pais e daqueles com quem convivem. Meus pais começaram a orar e a fazer devocionais diariamente após me verem fazendo e ensinando isso para você.

LEMBRE-SE: este capítulo é um alerta e uma direção para que você evite cair em prisões com seu parceiro ou parceira. Não saia daqui querendo apontar o dedo para todos, até porque a pessoa para quem você apontar o dedo talvez nem saiba que está cometendo um erro, como vimos no capítulo 2. Você acabou de ter acesso a esse conteúdo agora.

Seja sábio em suas escolhas de relacionamento e em decidir com quem e como deve se afastar. Para quem está em um relacionamento íntimo, lute pelo seu parceiro ou parceira. Eu já vi mudanças gigantes e positivas em relacionamentos depois que aplicaram o que você leu neste livro. Ore e peça sabedoria a Deus para agir da forma correta e, antes de tudo, para viver a mudança em si mesmo. Você não faz ideia do poder que sua influência tem na vida daqueles que estão perto de você! Agora é hora de falarmos de um assunto um tanto quanto polêmico e importante: DINHEIRO.

9.
CHEGA DE PRISÃO FINANCEIRA

Se tem algo que eu já escutei, e que acho uma grande besteira, é que o dinheiro é a raiz ou a fonte de todo mal. Esqueça essas coisas que te falaram, é hora de você realmente entender sobre dinheiro e quanto ele impacta a sua vida e a vida daqueles que você ama!

Talvez você já tenha ouvido que quem tem dinheiro é mau, que dinheiro não traz felicidade, que todo rico não presta, ou você, que compartilha da mesma fé cristã que eu, já ouviu que ter dinheiro é pecado, que Jesus era contra o dinheiro e que quem tem não entra no céu. Olha como alimentar essa história distorcida pode criar um significado na sua vida. Lembra da história da furadeira no início deste livro? É assim que muitas pessoas alimentam seus pensamentos, pegando partes das histórias de pessoas e até mesmo pequenas partes da Sabedoria Milenar, sem compreender o real ensinamento.

Primeiro, vou trazer uma revelação para você com base no que a Sabedoria Milenar diz, após pesquisas.

Pense comigo por um instante: se Deus fosse contra o dinheiro e/ou riquezas, Ele diria então que é o dono do ouro e da prata? (Ageu 2:8). E daria centenas de quilos de ouro a Salomão? Eu quero trazer luz à sua vida. Neste capítulo, é hora de tirar as vendas dos seus olhos e fazer você acordar dessa prisão financeira. Primeiro de tudo, entenda:

Em nenhum momento Jesus condena as riquezas. O que é condenado é colocar o dinheiro como seu senhor. Isso fica claro quando Jesus fala:

"Nenhum servo pode servir a dois senhores, pois odiará um e amará o outro, ou se dedicará a um e desprezará o outro. Vocês não podem servir a Deus e ao dinheiro" (Lucas 16:13).

Servir ao dinheiro é colocá-lo como prioridade. É como se na sua mente você construísse uma estante e no topo dela estivesse exclusivamente o seu dinheiro. É recorrer sempre PRIMEIRO E PRIORITARIAMENTE ao dinheiro em vez de dobrar seus joelhos, orar e pedir direção a Deus. É colocar sua confiança de que as coisas vão acontecer somente porque você tem dinheiro.

Entenda, a Sabedoria Milenar nos revela que onde está o seu tesouro, ali estará o seu coração (Mateus 6:21). Ou seja, pessoas que servem ao dinheiro ou às riquezas colocam seu coração ali, esquecem quem são de verdade, e principalmente que servem a Jesus Cristo! Então, o AMOR ao dinheiro é a raiz de todo mal, e não o próprio dinheiro (1 Timóteo 6:10). Vou te dar dois exemplos claros. O primeiro é a passagem do Jovem Rico (Mateus 19:16-30).

Um jovem rico se aproxima de Jesus, buscando orientação sobre como alcançar a vida eterna. Jesus responde, destacando a importância de obedecer aos mandamentos de Deus. Ele cita alguns, como não matar, não roubar, não falar mentiras e que não se deve desonrar seu pai e sua mãe. O jovem afirma ter seguido esses mandamentos, mas ainda sente um vazio em sua vida.

Jesus, então, faz um pedido especial ao jovem, desafiando-o a vender todas as suas posses, dar o

SE TEM ALGO QUE EU JÁ ESCUTEI, E QUE ACHO UMA GRANDE BESTEIRA, É QUE O DINHEIRO É A RAIZ OU A FONTE DE TODO MAL.

dinheiro aos pobres e segui-Lo. Esse pedido serve como um teste para verificar onde realmente está o coração do jovem, se está em priorizar Deus ou suas riquezas.

No entanto, o jovem fica triste, pois suas posses têm grande valor para ele e não está disposto a abrir mão delas. Ele demonstra um amor maior às suas riquezas do que a Deus, e, assim, parte triste, perdendo a oportunidade de seguir Jesus e alcançar a vida eterna.

A essência da Parábola do Jovem Rico é que, às vezes, somos impedidos de seguir e SERVIR a Deus devido ao nosso amor às coisas materiais. Lembra-se do que Jesus falou sobre servir a dois senhores? Devemos priorizar nosso relacionamento com Deus e buscar primeiro o reino de Deus, e a sua justiça, e todas estas coisas vos serão acrescentadas (Mateus 6:33), sua prioridade sempre deve ser Papai.

Não é que você tem que vender tudo que tem, ou não ter dinheiro, mas é verdadeiramente estar disposto a abrir mão do seu dinheiro, se necessário, para seguir a vontade de Deus, não colocar o dinheiro como seu senhor e como base da sua segurança **e sempre usá-lo para o Reino**; foi isso que um homem rico e influente, chamado José de Arimateia, discípulo secreto de Jesus (João 19:38-39, Mateus 27:57, Marcos 15:43) fez. Ele usou seu dinheiro e influência em favor do Reino, veja:

Após a crucificação de Jesus, José de Arimateia dirigiu-se a Pilatos, o governador romano, solicitando permissão para retirar o corpo de Jesus da cruz e oferecer-lhe um sepultamento apropriado. Reflita comigo: naquela época, o acesso ao governador era exclusivamente por meio de influência e poder. Além disso, ao envolver o corpo de Jesus em lençóis compridos de linho, ele foi colocado em um túmulo que nunca tinha sido usado (João 19:40-41), algo que somente pessoas com alto poder aquisitivo poderiam ter. Essas duas histórias reais servem para nos lembrar de que o dinheiro amplifica o que está em nosso coração. Ambos eram financeiramente abastados, porém fizeram escolhas diferentes. José de Arimateia abdicou de sua reputação e da confiança no dinheiro. Ele era um discípulo em segredo, um membro influente do supremo tribunal judaico da época, mas não hesitou em demonstrar coragem ao revelar sua lealdade ao Senhor e onde estava seu verdadeiro coração.

Infelizmente, algumas pessoas tiveram suas mentes corrompidas e acreditaram que todos aqueles que têm dinheiro são maus ou não prestam, eu fui uma dessas pessoas que durante alguns anos acreditou, até realmente acordar e me libertar dessa prisão.

Preste atenção no mocinho e no vilão das novelas, quem normalmente tem dinheiro? E quem normalmente é um coitadinho? Assim somos alimentados desde pequenos, ouvindo que dinheiro não presta, que só é possível enriquecer se roubar e tirar das pessoas, e que dinheiro é sujo.

Lembro uma vez que fiz uma pergunta fortalecedora ao meu pai, estávamos passeando em Jurerê Internacional, uma praia que fica em Florianópolis (SC) e famosa por ter mansões e carros de valores altíssimos. Toda vez que a visitávamos, meu pai dizia para mim: "Só pode ser ladrão, é tudo lavagem de dinheiro". Até que perguntei: "Pai, isso que o senhor está falando é comprovado? Será que seus familiares que não têm carro, e viram o senhor enriquecer, falam exatamente a mesma coisa de você?".

Ele parou e pensou. Perguntei: "O senhor lava dinheiro?". Ele

EM NENHUM MOMENTO JESUS CONDENA AS RIQUEZAS. O QUE É CONDENADO É COLOCAR O DINHEIRO COMO SEU SENHOR.

disse: "Claro que não, filho, somos honestos". E eu comentei: "Então, pai, não fazemos ideia da vida deles também, com certeza há pessoas honestas que enriqueceram".

Nunca mais meu pai falou daquela forma. Anos depois, em outra praia, meus pais compraram seu apartamento que vale milhões. Assim como ele, talvez você tenha crenças sobre dinheiro, essa crença que ele tinha veio do que ele alimentava, isso começou já na sua infância. Meu pai contou que meu avô escondia dinheiro entre as paredes da casa, e, quando foram demolir, encontraram cédulas de dinheiro da época do cruzado.

Você consegue compreender que isso é uma das formas de colocar o coração no dinheiro?! Isso é idolatria ao extremo, é colocar algo acima de tudo, e que se torna mais importante que DEUS, é como se, na sua estante de vida, no rodapé, estivesse Deus e na décima prateleira, lá em cima, estivesse o dinheiro.

Quando meu pai me contou isso, foi um aprendizado parcial para mim na época, mas somente após minha quebra financeira, entendi, mediante o que estudei sobre dinheiro na Sabedoria Milenar, na psicologia e na neurociência, e me deparei com algo chamado prosperidade, um conceito amplamente falado hoje, mas realmente poucos sabem o que é ser próspero verdadeiramente.

QUAL É A DIFERENÇA ENTRE DINHEIRO E PROSPERIDADE?

Eu me lembro exatamente como foi o dia em que sobraram em nossa conta bancária 70,00 reais. Em toda a minha vida, nunca senti tanta felicidade e gratidão a Deus por esse valor, e por naquele dia poder pedir um sushi e comer com minha esposa. Eu não sei se esse valor é pouco ou muito para você, mas, para mim, naquele momento, a sensação era como se eu tivesse muito dinheiro na minha conta bancária, porque, após mais de um ano, poderíamos comer algo do iFood.

Fui tomar banho enquanto a comida estava sendo preparada pelo restaurante, lembro-me de que agradeci muito a Deus, e na minha cabeça eu pensei: em todos estes anos, quando eu fazia seis dígitos financeiros num final de semana, eu não senti tanta gratidão, mas por quê? Por que, quando eu tinha mil vezes mais na minha conta, não senti essa sensação?

É porque ali eu estava sentindo duas coisas: sentia-me próspero, e não rico. Prosperidade é tudo aquilo que seu dinheiro não te dá, é a ausência de necessidade, e havia entendido que, no topo da prateleira da vida, deveria estar Papai. Quem é próspero tem dinheiro, mas não necessariamente quem tem dinheiro é próspero.

- Dinheiro compra uma casa de milhões, mas não compra família.
- Dinheiro compra suplementos e comidas, mas não compra saúde.
- Dinheiro compra a melhor cama para dormir, mas não compra o sono.
- Dinheiro te dá a possibilidade de ajudar pessoas, mas não te dá a salvação.

A Prosperidade Real vai muito além de quanto você tem na sua conta bancária, mas ela é dada pelo fato de saber de onde você é. Preste atenção nesta frase e leia de novo. Saber de onde é significa ter tomado posse daquilo que vimos no capítulo *A base de tudo*. É ter identidade ativada em Papai, a conta bancária não diz quem você é, mas saber que você é filho de Deus muda completamente a sua realidade e altera, no fundo da sua alma, o significado que você dá para as coisas, inclusive dinheiro.

O dinheiro só é uma parte que se encaixa dentro da prosperidade. As redes sociais e livros colocam a prosperidade na mesma linha da riqueza, o que é um engano. Com trabalho, muitos conseguem ter dinheiro, **mas somente com a bênção de Papai, e alimentando diariamente seu espírito e alma, você acessa a prosperidade.** Aqueles que diariamente se dedicam a ter intimidade com Papai, e pedem sabedoria a Ele, é que vão enriquecer de forma sustentável. A Sabedoria Milenar nos fala que a bênção do Senhor enriquece, e Ele não acrescenta dores (Provérbios 10:22).

Dinheiro por dinheiro traz coisas do mundo, mas, como falamos, não te dá sustentação; e o essencial que engloba a prosperidade: família, saúde, sabedoria, paz, isso só quem pode te dar é Papai, que são aspectos que resultam em felicidade. Eu te dei um manual de como acessar por meio da oração: estar em seu quarto secreto, buscando com toda sua dedicação compreender a Sabedoria Milenar, que é a Palavra de Papai.

Você pode ter múltiplos milhões em sua conta e, acredite em mim, não será o dinheiro que vai te curar ou mudar sua vida, será o seu comportamento frente a ele. Isso é tão forte que eu sempre falo que dinheiro só potencializa quem você é de verdade. Se você é desequilibrado e age sem sabedoria, não tem como as pessoas não verem; perceba alguém que ganhou um pouco mais, ou mudou de carro, essa pessoa muda com algumas pessoas que têm menos ou até mesmo igual a ela, parece que seu coração está ali nas riquezas. Você acaba perdendo sua essência.

Por isso que, nesta primeira parte, eu trouxe para você o conceito real sobre Prosperidade, que vai além da quantia que você tem e da quantidade de dinheiro, isso não te define. **O que vai definir sua vida é o que você fará com seu coração quando estiver com ou sem dinheiro.** A prisão financeira não se dá em virtude das dívidas ou da falta de dinheiro, isso é tão óbvio que, se você tiver o dinheiro em mãos, resolve seu problema, correto? A prisão financeira de qualquer pessoa começa na alma onde ficam suas emoções. Vou te dar um exemplo claro e veja se faz sentido.

Você conhece alguma pessoa que, quando está com dinheiro, fala com todo mundo, cumprimenta, está ali presente, mas, quando está sem dinheiro, muda completamente? Identificou alguém? Se você não identificou ninguém, eu digo com humildade a você que eu era assim.

Quando eu estava apertado financeiramente, não percebia que o dinheiro controlava minhas emoções. Comecei a perceber que, quando ele era pouco, tirava minha energia para fazer algo e, quando era muito, me dava energia! Nesse caso, eu estava colocando o dinheiro como meu senhor, e não Aquele que realmente importa: Jesus.

A CONTA BANCÁRIA NÃO DIZ QUEM VOCÊ É, MAS SABER QUE VOCÊ É FILHO DE DEUS MUDA COMPLETAMENTE A SUA REALIDADE.

Com a quebra financeira, e estudando sobre prosperidade, comecei a perguntar: "Quem governa você, Eduardo? Sua conta bancária? Ei, acorda!". A chave virou. Saí da prisão quando entendi a profundidade disso, há pessoas que estão com depressão pela falta de dinheiro e acabam, inclusive, tirando a própria vida. E, quando estão com ele, estão felizes, pois o dinheiro, além de espiritual, como vimos, é emocional.

Pergunte-se hoje: Quem governa você? O Dinheiro? Onde está sua confiança? Talvez estejamos saindo do estágio da ignorância, que vimos no capítulo 2, de que você nem sabia que sabia, mas, se já está no passo 2, que já sabe que não sabe, quero te ajudar. Não continue lendo se não responder com sinceridade à pergunta acima.

SUAS EMOÇÕES IMPACTAM SUA CONTA BANCÁRIA

Todo mês, entravam para ele mais de 100 mil reais, e sua maior dor era entender o porquê de estar endividado. Esse homem, um empresário, todo mês tinha acesso a essa quantia, e, vamos combinar, ganhar 100 mil reais por mês é algo diferente, ainda mais no Brasil, pois quem ganha mais do que isso é menos de 1% da população. O que me deixou intrigado no início foi o porquê de esse homem, com essa renda mensal, estar no cheque especial, tendo que, inclusive, pedir dinheiro emprestado a um amigo.

Eu comecei a reparar que, toda vez que conversávamos na frente de mais pessoas, ele me falava sobre seu carro, viagens, me mostrava fotos e dizia que já estava enjoado do carro, que em breve ia vendê-lo e pegar um melhor. Todo ano fazia viagens internacionais, e eu pensava: "Interessante! No particular, mostra outra coisa, pois está endividado". Percebi que seu padrão de pensamento estava direcionado a isso, que existia uma raiz para esse problema. Perguntei a ele como era sua relação com os pais, onde havia morado e estudado. Ele começou falando: "Eu venho de uma família com sobrenome forte, mas a parte do meu pai não enriqueceu tanto quanto a do meu tio". E, obviamente, entendi que ele estava querendo dizer que sua família, por ter o mesmo sobrenome, mas não ter o mesmo resultado, o incomodava muito, pois ele queria mostrar que tinha relevância na região ou cidade onde morava, mesmo não sendo da parte "rica" da família. Sua cidade era, de certa forma, pequena e a pergunta sobre o sobrenome era algo recorrente. "Qual seu nome?". "Fulano". "Fulano de que família?"

Não precisei tê-lo como mentorado para compreender a situação; somente nesses poucos minutos de conversa ficou claro que seu desafio financeiro vinha de uma raiz emocional não tratada. Ele tinha um complexo de inferioridade gigante e precisava sentir-se aceito. O buraco em sua alma sugava-o cada vez mais para a escuridão; ele comprava carros que não podia e fazia viagens que não podia para suprir sua aceitação social.

Casos assim são mais comuns do que você imagina. Isso não é normal, mas é comum haver pessoas que entram em prisões financeiras, e algumas vezes conseguem sair, mas, depois de um tempo, voltam às prisões. Tudo é emocional, como revela uma pesquisa da Universidade Vanderbilt, nos Estados Unidos, que mostrou que pessoas que ganharam na loteria não costumavam dar vida longa aos prêmios; ou seja, acabavam perdendo tudo. Basta vermos os noticiários mostrando pessoas que ganharam na Mega-Sena e que, em questão de doze meses, haviam perdido tudo e voltado à pobreza.

O aprendizado é que não importa se você ganha um salário-mínimo ou 1 milhão por mês, o que importa

DINHEIRO SÓ POTENCIALIZA QUEM VOCÊ É DE VERDADE.

é o que você faz com o que ganha. Muitas prisões financeiras em que você entra não estão ligadas à quantidade de dinheiro que ganha, mas, sim, ao aspecto emocional.

Em paralelo, uma pesquisa realizada no Brasil, divulgada pela Pesquisa de Endividamento e Inadimplência do Consumidor (Peic), constatou que oito em cada dez famílias estão endividadas, e que a principal dívida era referente a cartão de crédito. Está com cartão em atraso? Pagou, voltou a ficar endividado dessa mesma forma? E às vezes com uma dívida maior ainda? Então o problema não é financeiro, e sim emocional.

Bem, você já sabe até aqui que fiquei endividado nessa prisão financeira e que depois consegui prosperar financeiramente. Vou te dar um passo a passo agora para combater essa prisão e conseguir multiplicar seus recursos. Vamos avançar. Lembre-se, não é o fim; agora é o início de uma grande mudança financeira em sua vida, e você precisa responder à seguinte pergunta:

POR QUE VOCÊ QUER TER DINHEIRO?

Era o meu primeiro dia como voluntário no hospital oncológico. Chegando ao hospital, fui fazer meu cadastro de entrada e perguntei onde ficava a ala da oncopediatria. A atendente me respondeu que, se eu fosse o novo voluntário, precisaria pegar meu crachá para entrar, pois naquela área só era permitida a entrada de pessoas autorizadas.

Eu respondi que ainda não tinha meu crachá. Ela então me orientou, dizendo: "Saia reto aqui e vá até a esquina, dobre à direita e ande por cerca de 100 metros. Você vai avistar uma loja de esquina; essa loja é nossa, faz parte do hospital, e lá temos um bazar. Lá ficam as responsáveis pelos voluntários e vão providenciar sua entrada".

Ao chegar ao local, perguntei onde poderia encontrar a voluntária responsável pelos crachás. A atendente da recepção me respondeu que eu poderia aguardar, pois a responsável estava em atendimento.

Sem ter muito o que fazer, respondi: "Claro". Nesse meio-tempo, uma senhora entrou na lojinha e senti como se a conhecesse de algum lugar. Fixei meu olhar nos seus olhos azuis, que pareciam refletir sua alma. Enquanto ela pegava algumas coisas da lojinha, as deixava ao meu lado. Percebi que eram brincos e uma peruca, e ela brincou comigo, dizendo que sempre estava na lojinha e que precisava ficar bonita para o marido, mas que ele ficaria bravo por ela estar gastando.

Eu ri e comentei: "Só muda o endereço mesmo". Perguntei sobre ela: seu nome, de onde era e sobre o seu tratamento. Ela se apresentou como Valdirene, vinda de uma cidade que, infelizmente, não me lembro, mas só me marcou que era longe. Ela me disse que ficava a cerca de 400 km de onde estávamos e que toda segunda-feira de manhã vinha até a cidade para fazer seu tratamento.

Indaguei: "Mas por que a senhora não está fazendo agora? É por horário? Como funciona?". Ela explicou que teria que voltar para casa porque, naquela manhã, uma peça da máquina da radioterapia havia quebrado. Não havia estoque e não tinham condições de pagar o técnico, pois tudo dependia de liberação, sendo um valor alto. Ela comentou comigo que só a peça custava mais de 10 mil reais na época.

Pensei comigo: "Ah, se eu tivesse 10 mil reais agora, mandava pegar no particular e resolveria isso hoje". Ela não perderia a viagem. Comentou sobre sua situação e disse: "Obrigada por me escutar, é tão raro alguém parar e conversar assim". Nesse momento, me chamaram para fazer meu crachá, e eu rapidamente disse: "Já volto".

A conversa demorou na sala porque tive que responder a diversas perguntas. Saindo dali, procurei a Valdirene e perguntei à atendente da recepção: "Onde está a senhora que estava aqui conversando comigo?". A atendente disse que ela teve que sair porque aquele era o último ônibus da manhã para voltar para a cidade dela. Lembrei que ela ia lá às segundas-feiras, então deixei passar a semana, pois ela ficou no meu coração.

Na próxima segunda, fui todo empolgado até os locais da quimioterapia e radioterapia. Não a encontrei, então lembrei que ela poderia estar na lojinha, afinal toda segunda ela estava lá. Nesse meio-tempo, encontrei a senhora que havia feito meu crachá e perguntei: "Por um acaso a senhora não viu uma senhora que tem os olhos bem azuis e se chama Valdirene?". O semblante dela mudou completamente, ela ficou abatida, seus ombros caíram e seus olhos se encheram de lágrimas. "Ela faleceu semana passada, esse final de semana que passou foi o enterro dela", disse.

Meu coração se despedaçou, me virei, fui para a rua e comecei a chorar muito. Nesse momento, um pensamento muito forte surgiu em minha mente: um dia, terei tanto dinheiro que terei condições financeiras para bancar qualquer valor de peça de radioterapia e quimioterapia, e até de comprar um aparelho novo.

Sabe o que foi ativado em mim? O meu porquê real de querer ficar rico, de ter dinheiro mesmo, e a partir disso, comecei a ajudar financeiramente com o que tinha, sempre que possível. Talvez você questione: "Edu, eu estou endividado, ou não consigo realizar meus sonhos, como posso pensar nesse grande porquê neste momento?".

Racionalmente, quando estamos quebrados e/ou endividados, só pensamos em ter o básico de volta, honrar nossos compromissos, e poder de novo ter paz, isso é a sobrevivência básica do ser humano, que é extremamente limitado. Mas você vai superar isso. O desafio, eu te garanto, vem depois, o que de verdade preencherá seu coração? É cuidar do

A HUMILDADE NOS PERMITE RECONHECER A CONTRIBUIÇÃO DOS OUTROS PARA O NOSSO SUCESSO E NOS MANTÉM ABERTOS A APRENDER E A CRESCER FINANCEIRAMENTE.

interesse dos outros, e não dos seus próprios (Filipenses 2:4), senão tudo virará vaidade.

Agora que você entendeu o poder do porquê de querer ficar rico, pense comigo, qual é o seu? Em que você pode contribuir hoje? Seja na igreja, projeto social ou alguém que você sabe que está precisando?

O meu porquê vem evoluindo e evoluiu a partir da história que contei acima sobre a peça da máquina para construir um hospital de combate ao câncer; isso não significa que eu vou esperar chegar o momento que tiver milhões, pois, com o recurso financeiro que tenho hoje, eu já contribuo de alguma forma. Não trave sua mente no dinheiro e no montante, pense em duas coisas:

Se o dinheiro não fosse problema, como eu poderia transformar a vida de alguém com meu dinheiro? (Projeto de vida).

Com o valor que tenho hoje, como transformar a vida de alguém? Lembre-se de que não é sobre quantidade, mas sim se seu coração está no que você é, assim como o jovem rico que vimos no início deste capítulo.

Fico muito feliz de poder trazer esse conteúdo para você, pois ele vem mudando minha vida, e fazendo o *link* com tudo que te ensinei neste livro. Mas o que vou te ensinar agora não tem como dar errado, leva tempo, precisa ser construído com base sólida. Para isso acontecer, há três conselhos com exercício prático ao final, que mudaram minha vida financeira, me ajudaram a sair da prisão financeira e me fizeram prosperar.

Esses conselhos estão vinculados ao casal, porque entendo que a base da prosperidade começa no relacionamento, e apliquei isso quando estava em um relacionamento íntimo; então, se hoje você não está em um relacionamento, adeque à sua realidade.

CONSELHO 1
DIVERSIFIQUEM SEUS INVESTIMENTOS E OPORTUNIDADES

Empregue o seu dinheiro em bons negócios e, com o tempo, você terá o seu lucro. Aplique-o em vários lugares e em negócios diferentes, porque você não sabe que crise poderá acontecer no mundo (Eclesiastes 11:1-2).

Imagine sua situação financeira como um campo que precisa ser cultivado. Assim como um agricultor diversifica suas plantações para garantir uma colheita abundante, é crucial diversificar seus investimentos e oportunidades financeiras. Por mais que você e seu parceiro(a) sejam CLT e trabalhem de carteira assinada, ou tenham um negócio somente, não fiquem reféns de uma fonte de renda única. O mundo é instável; a pandemia mostrou isso para nós, mostrou pessoas como eu, que tinham ganhos financeiros razoáveis e, em questão de dias, perderam tudo.

A responsabilidade sempre foi minha. Se anteriormente, em 2019, eu soubesse disso que estou te aconselhando, acredito que a probabilidade de quebrar completamente financeiramente seria mínima ou nula e não afetaria tão profundamente meu casamento como afetou, a ponto de quase nos separarmos.

Acredite no que estou te falando, leia e estude sobre negócios, sobre outras fontes de renda. A internet hoje é um propulsor de novos negócios; há mais de 2 mil anos, Salomão nos falava para buscarmos novas oportunidades. É por isso que hoje eu e minha esposa temos negócios em diversos nichos, como educação, esporte, beleza e agronegócio. Construa isso também.

CONSELHO 2
PLANEJE O FUTURO FINANCEIRO

Assim como um navegador que traça cuidadosamente sua rota antes de embarcar em uma jornada, é fundamental para casais estabelecer um plano financeiro sólido para o futuro. Ao fazê-lo, estão construindo uma base segura para enfrentar os desafios e aproveitar as oportunidades que a vida a dois oferece.

O planejamento financeiro não se resume apenas a administrar o dinheiro atual, mas também envolve antecipar e preparar-se para os diferentes estágios da vida. Em Provérbios 21:5, lemos: "Os planos bem elaborados levam à fartura; mas o apressado sempre acaba na miséria". Isso ressalta a importância de uma abordagem cuidadosa e detalhada ao planejar as finanças.

Um estudo realizado por Dew, Dakin e Horwitz (2018) na Universidade de Kansas explorou os efeitos do planejamento financeiro no bem-estar conjugal. Eles descobriram que casais que estabelecem metas financeiras em conjunto, e desenvolvem estratégias para alcançá-las, tendem a ter relacionamentos mais satisfatórios e duradouros.

Portanto reserve um tempo para alinhar-se. Lembre-se do capítulo anterior, quando falamos sobre isso, e estabeleça metas financeiras com seu parceiro ou parceira. Ao criar um plano financeiro abrangente, vocês estarão fortalecendo não apenas sua segurança econômica, mas também o vínculo emocional e a confiança mútua em seu relacionamento.

Lembre-se de que o planejamento financeiro é uma jornada contínua. Reavaliem regularmente suas metas e ajustem seu plano conforme necessário para acompanhar as mudanças na vida e no mercado. Com sabedoria, vocês podem construir um futuro financeiro sólido e promissor para suas vidas em conjunto. Observe este exercício prático:

EXERCÍCIO PRÁTICO
PARA FORTALECER O PLANEJAMENTO FINANCEIRO NO RELACIONAMENTO:

PASSO 1: DEFININDO METAS FINANCEIRAS CONJUNTAS

1.1. Reserve uma noite tranquila para uma conversa sincera sobre o futuro financeiro do casal. Se estiver solteiro, adeque para o que você almeja.

1.2. Individualmente, cada parceiro deve fazer uma lista de suas metas financeiras pessoais de curto prazo (1-3 anos), médio prazo (3-5 anos) e longo prazo (5 anos ou mais).

1.3. Em seguida, compartilhem suas listas e identifiquem as metas comuns que desejam alcançar como casal. Lembre-se de adicionar coisas pessoais.

PASSO 2: AVALIANDO A SITUAÇÃO FINANCEIRA ATUAL

2.1. Reúnam todos os documentos financeiros relevantes, como extratos bancários, faturas, investimentos, entre outros.

2.2. Calculem juntos a renda total do casal, incluindo salários, rendimentos de investimentos e quaisquer outras fontes de renda.

2.3. Em seguida, façam uma lista de todas as despesas mensais e classifiquem-nas em categorias, como moradia, alimentação, transporte, lazer etc.

PASSO 3: CRIANDO UM ORÇAMENTO CONJUNTO

3.1. Com base na renda total e nas despesas mensais, desenvolvam um orçamento que inclua metas de economia e investimento para alcançar suas metas financeiras.

3.2. Utilizem ferramentas on-line de orçamento ou aplicativos financeiros para ajudar na organização e acompanhamento do orçamento. Ou mande um e-mail para contato@eduardomalheiros.com.br. Meu time te mandará um modelo que uso.

3.3. Assegurem-se de que o orçamento seja realista e flexível o suficiente para acomodar mudanças ao longo do tempo.

PASSO 4: ESTABELECENDO UM PLANO DE AÇÃO

4.1. Identifiquem os passos específicos que precisam ser tomados para alcançar cada meta financeira estabelecida.

4.2. Dividam responsabilidades de acordo com as habilidades e interesses de cada parceiro, garantindo que ambos se sintam envolvidos e responsáveis pelo sucesso do plano.

4.3. Definam prazos claros e mensuráveis para cada etapa do plano de ação.

PASSO 5: REVISÃO E ADAPTAÇÃO CONSTANTES

5.1. Conversem regularmente para revisar o progresso em relação às metas financeiras e para fazer ajustes no plano conforme necessário.

5.2. Estejam abertos a discussões honestas sobre desafios e obstáculos que possam surgir, trabalhando juntos para encontrar soluções viáveis.

5.3. Celebrem os marcos alcançados ao longo do caminho, reforçando o senso de realização e motivação para continuar avançando.

LEMBRE-SE de que você não está mais no estágio 1, Ignorância feliz, agora você já sabe que não sabe.

CONSELHO 3
NÃO SE DEIXEM SEDUZIR E VALORIZEM O QUE JÁ POSSUEM

É importante reconhecer que a verdadeira prosperidade não está necessariamente ligada a possuir riquezas materiais extravagantes, mas sim a ter uma casa para dormir e desfrutar as bênçãos que já temos. Muitas vezes, vemos pessoas que vivem em mansões luxuosas, mas que enfrentam dificuldades financeiras e não sabem como pagar suas contas.

A verdadeira prosperidade reside na capacidade de apreciar e valorizar as coisas simples da vida agora. Ter uma casa para dormir e um ambiente acolhedor para chamar de lar é uma bênção que não deve ser subestimada. É fácil ser seduzido pela ideia de acumular riquezas materiais como um indicador de sucesso, mas devemos lembrar que a verdadeira felicidade e satisfação não podem ser compradas com dinheiro. Em vez disso, devemos cultivar uma mentalidade de gratidão e aprender a desfrutar as pequenas coisas que tornam a vida significativa.

É fundamental manter a humildade e a sabedoria mesmo quando as coisas começam a melhorar em nossa vida. Muitas vezes, quando experimentamos sucesso ou melhoria em nossas circunstâncias, somos tentados a nos deixar levar pelo orgulho e pela arrogância. No entanto, é importante lembrar que a vida é cheia de altos e baixos, e o sucesso financeiro pode ser passageiro.

Quando as coisas começam a melhorar, devemos continuar e permanecer firmes em Papai, mantendo

LUTE POR UMA VIDA MELHOR, UMA FAMÍLIA PRÓSPERA PODE SAIR DE VOCÊ.

uma perspectiva equilibrada e lembrando-nos da jornada que nos trouxe até aqui. A humildade nos permite reconhecer a contribuição dos outros para o nosso sucesso e nos mantém abertos a aprender e a crescer financeiramente.

Além disso, é importante reconhecer as bênçãos que recebemos ao longo do caminho, família, amigos e saúde. Em vez de nos deixarmos seduzir pelo sucesso material, devemos lembrar que a verdadeira riqueza está em nossos relacionamentos, saúde e bem-estar emocional e intimidade com Papai. **O dinheiro é consequência.**

Um versículo que nos lembra da importância da humildade é encontrado em Provérbios 11:2: "Quando vem a soberba, então vem a desonra, mas com os humildes está a sabedoria". Salomão nos lembra que a humildade nos conduz à verdadeira sabedoria e nos protege da queda que o orgulho pode trazer.

Portanto, lute por uma vida melhor, uma família próspera pode sair de você. Ao experimentar sucesso e melhoria em sua vida, mantenha-se humilde, pratique a gratidão e permaneça fiel a Papai, com seu coração Nele, e não nas riquezas. Dessa forma, você estará construindo uma base sólida para o futuro e cultivando um espírito de domínio próprio, paz e muitas bênçãos na sua vida financeira.

Eu creio que um novo tempo de prosperidade chegou à sua vida, e você crê também?

No próximo capítulo, vou te entregar as chaves que abrem qualquer porta para seu futuro.

10.
CONCLUSÃO
AS CHAVES QUE ABREM AS PORTAS DO SEU FUTURO

Confesso que estou muito feliz por você ter chegado até aqui. Isso apenas confirma algo que eu disse no início deste livro: que você realmente tem a vontade de trilhar um caminho diferente, de despertar para a vida e causar um impacto positivo em sua vida, na vida daqueles que você ama e no mundo. Ao longo desta jornada, focamos em estratégias e exercícios para você se libertar das prisões emocionais, financeiras e espirituais, e evitar voltar a entrar nelas. Mas e agora? Como dar os próximos passos? Vou revelar três chaves que abrirão qualquer porta em sua vida. Não serão chaves para te soltar ou para te prevenir de entrar, mas sim chaves para te levar às portas da prosperidade e das realizações. Somente com essas três chaves você conseguirá abrir e viver no último nível: a Maestria.

Nosso caminho está repleto de portas, algumas das quais parecem permanentemente fechadas, bloqueando nosso progresso. Estou atento a isso porque sei que às vezes uma simples desatenção ou falta de compreensão pode nos fazer perder uma instrução crucial que abriria a porta de que tanto precisamos. Tenho me dedicado a estudar a Sabedoria Milenar, a neurociência, a psicologia, buscando entender como podemos desbloquear essas portas que estão ali, mas poucos acessam.

Então, qual é o passo a passo para abrir essas portas que teimam em permanecer fechadas em nossas vidas? Se você tem uma porta fechada em sua vida, seja financeira, espiritual ou emocional, é hora de agir usando palavras poderosas. Abra sua boca, lembre-se do poder das palavras que discutimos anteriormente? Repita comigo:

a partir de hoje, a porta para a abundância financeira se abrirá; a partir de hoje, a porta emocional que traz paz e domínio próprio se abrirá; a partir de hoje, a porta da intimidade com Papai se abrirá. Não apenas reconheça a presença da porta fechada, mas afirme com convicção, em voz alta, que ela se abrirá. Gostaria de vê-lo fazendo isso. Coloque nos *stories* do seu Instagram hoje: "A porta X se abrirá". Me marque que vou repostar!

Lembra que eu falei no início que visitei alguns países? Então, por meio dos meus alunos e pessoas que passaram pela minha vida nessas viagens, permitindo-me entrevistar, inclusive, monges em seus mosteiros, comprovei que existem três chaves, independentemente de cultura, que, se forem aplicadas, abrem qualquer porta para uma vida repleta de realizações emocionais, financeiras e espirituais. A primeira delas é o perdão.

"Porque, se vocês perdoarem as pessoas que ofenderem vocês, o Pai de vocês, que está no céu, também perdoará vocês" (Mateus 6:14). Poucas coisas na Sabedoria Milenar são condicionais; o perdão é uma delas. Para você ser perdoado por Papai, a única forma é perdoar quem te feriu. "Mas, Edu, você não faz ideia do que essa pessoa me fez, não há perdão", então sinto lhe dizer que, além do ponto principal de não ser perdoado por Papai, quem vai sofrer muito mais será você, o perdão liberta a alma, fortalece o espírito e abre portas para um futuro próspero e abençoado.

> **O PERDÃO LIBERTA A ALMA, FORTALECE O ESPÍRITO E ABRE PORTAS PARA UM FUTURO PRÓSPERO E ABENÇOADO.**

Perdoar não significa concordar com o que a pessoa fez, não é como assinar um termo de que ela está certa. Perdoar é se libertar, é tirar um piano das suas costas; perdoar é parar de pensar na pessoa que te feriu; perdoar é seguir em frente e deixar o orgulho de lado. O perdão não te faz sentir-se inferior, ou, usando o linguajar popular, um "trouxa"; pelo contrário, perdoar revela uma intimidade com Papai e uma sabedoria gigante. Normalmente, a pessoa orgulhosa quer transferir a responsabilidade do perdão, mas não há possibilidade de portas se abrirem se o orgulho for a emoção que te domina.

Perdoar não significa que você tenha que conviver com a pessoa; a convivência é opcional, mas o perdão é obrigatório. A única pessoa com quem você deve conviver obrigatoriamente é consigo mesma. Também há pessoas que perdoam os outros e os desculpam, mas têm uma dificuldade imensa de se perdoar pelo que disseram ou fizeram. Para acordar e seguir na jornada da vida, e acessar novas portas, temos que levar uma mochila com itens necessários, e carregar a sua culpa dentro dela só trará peso sobre você, gerando cansaço e esgotamento emocional e espiritual.

Quantas pessoas eu conheço que tiraram a própria vida por estarem esgotadas emocional e espiritualmente? A falta de perdão é um propulsor para mágoa, raiva e rancor; é um veneno que afeta o corpo, como sugere esse estudo recentemente publicado na revista *Exame*. Ele revela que a falta de perdão está associada ao risco de infarto e foram encontradas mais ocorrências disso em pacientes que não perdoaram.

O CAMINHO QUE VOCÊ TEM À SUA FRENTE É MAIS IMPORTANTE DO QUE O QUE DEIXOU PARA TRÁS.

Normalmente, os erros que tivemos em nossa vida trazem ou aprendizado ou culpa e remorso. Sinceramente, não sei se você precisa perdoar alguém ou você mesmo. Se sim, em ambos os casos, esse será o momento que primeiro você dobra seus joelhos e ora para pedir perdão a Papai pelo que fizeste, seja contra teu próximo ou a ti mesmo, e após isso, pegue seu celular e mande uma mensagem, não precisa nem ligar ou encontrar, se quiser, se for melhor, peça perdão. Se a pessoa aceitar ou não, ou sequer te responder, isso é uma conta dela com Papai, você vai se libertar agora para seguir pela estrada da vida.

Você já se perguntou por que o retrovisor é menor do que o vidro dianteiro do para-brisa? A resposta é simples: o caminho que você tem à sua frente é mais importante do que o que deixou para trás. É uma metáfora poderosa para a vida. Hoje, enquanto você continua sua jornada pela estrada da vida e busca acessar novas portas, o perdão desempenhará um papel fundamental na transformação das suas emoções e espírito. Em vez de ser um punidor constante, o perdão se tornará um guia, um balizador, permitindo que você avance com leveza e determinação em direção ao seu futuro.

A segunda chave para acessar qualquer porta me foi revelada em um dos piores dias da minha vida, quando recebi o resultado positivo para câncer e retornei ao hospital onde era voluntário para uma consulta médica. Ao chegar lá, as crianças e os pais que eu havia encontrado pela manhã durante o voluntariado, ao me virem, perguntaram: "Edu, o que está fazendo aqui? Ainda trabalhando?". Assim que respondi que estava ali para uma consulta, algo dentro de mim mudou. Eu olhei para eles de forma diferente. Não posso negar isso para você, senti empatia; me coloquei no lugar deles. No entanto, até aquele momento, não havia acessado a chave chamada compaixão, que, no grego original, tem o significado de "revirar as entranhas".

Há uma grande, mas sutil, diferença entre empatia e compaixão. A Dra. Tania Singer, da Max Planck Society na Alemanha, detalhou em seu estudo[11] que empatia é simplesmente sentir e se colocar no lugar do outro, mas a compaixão é não só sentir, mas querer verdadeiramente ajudar o outro, ela exige de nós mais energia, foco e compreensão. Eu consigo me lembrar de muitas passagens na Sabedoria Milenar que falam sobre Jesus e a compaixão que não deixou as pessoas passarem fome (Mateus 15:32-39). Há também a Parábola do Bom Samaritano, que ensina sobre a compaixão e sobre como devemos tratar os outros. Jesus conta a história de um homem que é assaltado e deixado ferido na beira da estrada. Dois homens religiosos passam por ele e ignoram sua necessidade. Mas um samaritano, mesmo sendo desprezado pela sociedade judaica na época, se compadece e ajuda o homem ferido.

Essa parábola ensina sobre a importância da compaixão e do amor ao próximo na jornada da vida, independentemente de sua origem ou condição social. Mostra que devemos agir com bondade e misericórdia para com os outros, seguindo o exemplo do Bom Samaritano (Lucas 10:30-37). A compaixão é uma das principais chaves que abre a porta para um futuro próspero com significado mais profundo e conexões mais autênticas. É por essa porta que descobrimos nossa capacidade de SERVIR com grande impacto; a mescla de servir com compaixão na vida dos outros te dá a possibilidade de encontrar um propósito maior para sua própria jornada. Minha vida, após aquele dia, nunca mais foi a mesma. Eu acordei para a vida e espero que hoje você também acorde a ponto de revirar suas entranhas.

Vamos à última chave que vai abrir portas no seu futuro. Eu a deixei por último, pois ela foi a mais desafiadora para ser desenvolvida, mas, após vivê-la, ela abriu portas que eu jamais imaginei. Você também acessará portas que jamais imaginou na sua vida por causa dela!

---

11 Disponível em: https://www.researchgate.net/publication/281218239_The_Social_Neuroscience_of_Empathy) Acesso em: 5 jun, 2024.

Imagine-se no lugar de um jovem vendido como escravo por seus próprios irmãos aos 17 anos. Esse foi apenas o começo de uma jornada repleta de desafios e provações. Esse homem poderia ter desistido, poderia ter sucumbido ao desespero, mas ele escolheu esperar. Aos 30 anos, ainda na prisão, ele poderia ter perdido a fé, mas ele continuou confiando no plano de Papai.

Finalmente, após anos de espera, ele é chamado para interpretar o sonho do faraó. Sua paciência é recompensada quando ele é nomeado governador do Egito. Mas sua jornada não termina aí. Quando seus irmãos o procuram, famintos e desesperados, ele poderia ter escolhido o caminho da vingança. No entanto, ele os recebe com compaixão e perdão, mostrando que a paciência não apenas o levou ao sucesso, mas também o transformou em alguém capaz de perdoar aqueles que o haviam traído. Estamos falando de José do Egito, um dos homens mais poderosos da Sabedoria Milenar (Gênesis 37).

Eu tive que trazer essa história porque, assim como José, muitas vezes nos encontramos em situações desafiadoras em que esperar parece impossível; ele literalmente estava preso. Mas é exatamente nesses momentos que precisamos confiar no plano de Papai e praticar a paciência. A espera nos ensina lições valiosas, nos molda, nos fortalece e nos prepara para o que está por vir.

Um estudo conduzido pelo psicólogo Walter Mischel, nas décadas de 1960 e 1970, na Universidade de Stanford, relatou, por meio de um simples experimento envolvendo crianças e *marshmallows*, *insights* profundos sobre a paciência humana. Walter Mischel propôs um teste simples de domínio próprio: ofereceu às crianças a escolha entre um *marshmallow* imediato ou dois se conseguissem esperar por um período sem comer o primeiro. Esse experimento, desde então, transcendeu os limites acadêmicos, influenciando não apenas a psicologia, mas também nossa compreensão de como as emoções afetam as decisões cotidianas. A premissa do experimento é refletida em inúmeras situações da vida diária. Quando economizamos dinheiro para um plano em vez de gastar em desejos imediatos, estamos praticando a mesma forma de domínio próprio e paciência.

Da mesma forma, optar por uma dieta saudável em vez de comer guloseimas instantâneas ecoa o dilema enfrentado pelas crianças no estudo de Mischel. Os resultados do experimento foram reveladores: algumas crianças cederam rapidamente à tentação, enquanto outras demonstraram uma grande capacidade de esperar o tempo certo, ou seja, tiveram paciência. Ao acompanhar por décadas as crianças divididas entre aquelas que esperaram pela recompensa e as que comeram o doce imediatamente, o psicólogo percebeu que os membros do primeiro grupo tiveram melhor desempenho escolar. Aqueles que tiveram paciência tendiam a ter melhores resultados na vida adulta, incluindo maior sucesso acadêmico e melhor saúde física e emocional.

A ESPERA NOS ENSINA LIÇÕES VALIOSAS, NOS MOLDA, NOS FORTALECE E NOS PREPARA PARA O QUE ESTÁ POR VIR.

Eu não sei se isso fez sentido para você, mas, trazendo para o dia a dia, lembrei-me de uma vez que eu estava na casa dos meus pais, e minha mãe fez um bolo. Eu estava com muita vontade de comer, e acabei pegando um pedaço antes de ela dizer que estava pronto. Qual foi o resultado? O bolo estava bonito por fora, mas cru por dentro. Não deu para comer, e acabei estragando aquele pedaço. Preste atenção nesta frase: **quando não respeitamos o tempo de preparo e não aplicamos tudo o que foi ensinado neste livro, as portas não se abrirão.**

A paciência é a chave para o amadurecimento espiritual e emocional. É na espera que crescemos e amadurecemos, nos tornamos pessoas melhores, mais compassivas e preparadas para enfrentar os desafios da vida. Portanto escolha esperar com paciência. No final, você verá que a espera vale a pena, pois nos leva a lugares que nunca imaginamos e nos transforma em versões mais fortes O que chamei de prisão em todo o livro é, na verdade, um preparo para que você viva as maiores bênçãos em sua vida.

Essas três chaves não apenas abrem portas em nossas vidas pessoais, mas também nos capacitam a ajudar e inspirar os outros a fazer o mesmo. Ao praticar o perdão, a compaixão e a paciência, não estamos apenas desbloqueando nosso próprio caminho para o sucesso, mas também pavimentando o caminho para um futuro de crescimento, prosperidade e realização, tanto para nós mesmos quanto para aqueles ao nosso redor.

Eu confio em você, e claro, em Papai também. Hoje é um marco na sua história, pois você realmente acordou para a vida e agora precisa praticar até chegar à Maestria, estágio 5, capítulo 2. Desejo que você viva o melhor nesta Terra. Me chame nas redes sociais e conte o que mudou na sua vida. Será uma honra poder conhecer sua história.

Deus abençoe você e sua família. Um abraço apertado de seu amigo Edu. Até breve!

> **O QUE CHAMEI DE PRISÃO EM TODO O LIVRO É, NA VERDADE, UM PREPARO PARA QUE VOCÊ VIVA AS MAIORES BÊNÇÃOS EM SUA VIDA.**

grupo novo século

Compartilhando propósitos e conectando pessoas
Visite nosso site e fique por dentro dos nossos lançamentos:
www.gruponovoseculo.com.br

‹ns

- facebook/novoseculoeditora
- @novoseculoeditora
- @NovoSeculo
- novo século editora

gruponovoseculo.com.br

Edição: 1ª
Fonte: Minion Pro